公司治理與內部審計

郭濤敏　羅萍　著

前 言

在美國安然、世通事件中，內部審計無疑成為關注的焦點。美國《薩班斯法案》的出抬、紐約證券交易所要求所有上市公司必須設立內部審計機構的規定，以及英國在安然事件後出抬的 Higgs 報告（2003）、Smith 報告（2003）和 2003 年新修訂的「公司治理綜合準則」等新的管制要求，同樣加強了內部審計在公司治理中的重要性。同時內部審計可以在公司治理中發揮重要作用，以及它與董事會、高管層、外部審計共同構成良好公司治理的「四大基石」的觀點逐漸得到更多審計理論界和實務界人士的認可。

但是，早期的內部審計著作，常常將內部審計描繪成「管理者的耳目」。在公司治理中，內部審計向董事會下屬的審計委員會報告工作。內部審計人員在公司中任審計委員會領導，作為公司董事會的內部治理代理人，評估經理層治理過程的有效性，對公司的經營風險進行監控，評價和持續改進公司的內部控製。

從公司治理的角度來看，內部審計發揮的作用是多方面的。內部審計能對公司治理產生積極影響，包括在報告質量、公司業績等方面。在 IIA 頒布的指引中指出，內部審計在公司治理中發揮兩方面的作用：一方面，內部審計能獨立、客觀地評價組織治理結構的適當性及具體治理

活動運行的有效性；另一方面，內部審計是治理制度變革的有力促導者，可以提出改進措施，改善組織治理結構。

作為公司內部監督機構，內部審計受到公司治理狀況的影響。公司治理的環境，將直接影響到內部審計機構的設置及有效運行。作為公司內部監督機構，公司治理環境決定著內部審計機構的實施環境。只有在正確的治理理念和完善的治理機制下，內部審計機構才能發揮最大效用，其作用才會得到認同和支持。而惡劣的公司治理環境，直接影響到內部審計機構作用的發揮，影響內部審計人員的情緒和積極性。

綜上所述，公司治理與內部審計相輔相成，互為補充、互相促進，公司治理是保障內部控製的組織結構，內部審計是保障內部控製的管理機制；公司治理為內部審計創造了良好的環境，內部審計促使公司進行完善和有效的治理。內部審計能夠對公司治理行為的有效性起到質量上的保障作用，這種作用是其他監督體系無法替代的。

本書共分六章。前三章由羅萍執筆，後三章由郭濤敏執筆，全書由郭濤敏統稿。目前，由於中國公司治理還處於初級階段，再加上對公司治理與內部審計關係的認識純屬個人觀點，對此的深入瞭解尚需較長過程。因此，本書仍會存在錯誤和不當之處，敬請廣大讀者指正。

郭濤敏

目　錄

第一章　公司治理理論／1
　　第一節　公司治理的產生與發展／1
　　第二節　公司治理的基本理論／15

第二章　公司治理的模式／21
　　第一節　日本公司治理／21
　　第二節　美國公司治理／29
　　第三節　德國公司治理／32
　　第四節　英國公司治理／40
　　第五節　法國公司治理／48
　　第六節　韓國公司治理／60

第三章　公司治理體制與機制／65
　　第一節　公司治理機制的涵義與分類／65
　　第二節　股東大會／71
　　第三節　董事會／75
　　第四節　獨立董事／81

第五節　監事會／87

第四章　內部審計在公司治理中的作用／92
第一節　內部審計與公司治理的關係／92
第二節　公司治理與內部審計模式／102

第五章　內部審計的機構與職責／110
第一節　內部審計的定義／110
第二節　內部審計機構／118
第三節　內部審計的特徵與作用／123
第四節　內部審計機構的職責與權限／127
第五節　國際內部審計組織（IIA）／129
第六節　國際內部審計的發展趨勢／138
第七節　大數據時代與雲計算發展對內部審計的影響／160

第六章　中國內部審計的轉型和發展選擇／165
第一節　中國內部審計轉型的必然性／165
第二節　中國內部審計未來的發展趨勢／170

第七章　內部審計與內部控製／177
第一節　內部審計與內部控製的關係／177
第二節　內部審計對內部控製的促進作用／185
第三節　內部控製對內部審計的推動作用／187

第一章　公司治理理論

第一節　公司治理的產生與發展

一、公司治理產生的背景

「公司治理」這一術語 20 世紀 80 年代正式出現在英文文獻中。三十多年來，它不僅在理論研究中越來越重要，而且還成為實務界關注的焦點。無論是學者、企業家，還是監管機構、新聞媒體，都對公司治理表現出了高漲的熱情。

公司治理中所研究的基本問題早已存在於經濟與管理實踐中，且公司治理也已經過幾個世紀的演變。可以說公司治理的每一次發展都是針對公司失敗或者系統危機做出的反應。例如，最早記載的公司治理失敗的案例是 1720 年英國的南海泡沫，這一事件導致英國商法和實踐的革命性變化。1929 年美國的股市大危機使美國在危機之後推出了證券法。1997 年的亞洲金融危機使人們對東亞公司的治理模式有了清醒的認識。2001 年，以安然事件、世界通信事件為代表的美國會計醜聞暴露出了美國公司治理模式的重大缺陷。這些治理失敗的案件往往都是舞弊、詐欺

或不勝任等原因引起的，而這些事件又促進了公司治理的改進。這些持續不斷的演進造就了今天各種與公司治理有關的法律、管制措施、機構，甚至市場等。理論界對公司治理的研究至少可以追溯到20世紀30年代貝利和米恩斯的研究。貝利和米恩斯在1932年出版的《現代公司和私人產權》一書中，在對大量的實證材料進行分析的基礎上得出結論：現代公司的所有權與控製權實現了分離，控製權由所有者轉移到了管理者手中，而管理者的利益經常偏離股東的利益。

20世紀60年代前後，鮑莫爾、馬瑞斯和威廉姆森等分別提出了各自的模型，從不同角度揭示了掌握控製權的管理者與擁有所有權的股東之間的利益差異，從而提出現代公司制企業應該構建激勵約束機制，以使管理者更好地為股東利益服務。錢德勒在1977年出版的《看得見的手——美國企業的管理革命》一書中，通過對部門、行業的具體案例的分析，進一步描述了現代公司兩權分離的歷史演進過程。可以說，古典經濟學家一直在關注所有權與控製權的分離及其產生的「委託人」（投資者、外部人）與「代理人」（管理者、企業家、內部人）之間的代理關係。一般認為，由於管理者與所有者的目標不一致，掌握控製權的管理者往往會採取偏離股東利益的行動。例如，管理者會在不創造價值的項目上耗費更多的資源，只是為了一己之便或一己之利而使企業出現人浮於事、忽視內部控製等問題。他們可能通過構建企業帝國、享受奢侈品等來獲得個人利益的滿足，甚至可能通過貪污養老金、通過關聯方的配合來設計和製造交易等手段來為個人牟取私利，這就是代理問題。為瞭解決代理問題，委託人需要構建一套機制來保護自己，以限制代理人損害委託人的行為，委託人為之付出的成本就是代理成本。所有權與控製權分離，以及因此產生的委託代理關係，都是公司治理問題產生的根源。而委託代理關係是伴隨著企業組織形式的發展產生的，所以首先我們應瞭解企業組織形式的發展歷史。

二、公司治理的演變

股份公司的出現，克服了單一業主制、合夥制企業中存在的企業規模擴張與單個資本累積不足之間的矛盾，成為現代市場經濟中最重要、最典型的企業組織形式。在這個意義上，單一業主制企業與合夥制企業被歸入傳統業主制成為古典企業的一類，股份公司被歸入現代企業一類。從歷史的、邏輯的角度來看，古典企業是研究企業制度和企業所有權安排的簡單模型，公司治理的演變是以古典企業的產權安排為起點的。

1. 古典企業治理

在古典企業中，企業主是企業的唯一所有者，擁有企業的全部產權，包括剩餘收益權、經營決策權和監督其他要素所有者的權力。古典企業的產權安排是單一持有人的集權制。企業所有權的排他性及剩餘收益權與剩餘控製權合一的所有權結構，構成古典企業所有權的基本特徵，即單個企業主不是代理人而是雇主，其產權安排意味著擁有全部權利，具體表現為企業主在企業中擁有的權利或權利束：

（1）對相互聯合的投入要素做了支付後遺留的剩餘的佔有權。

（2）在這一權利的激勵下，所有者具有強烈的動機監督雇員的績效，決定生產什麼、如何生產等，並行使剩餘控製權。

（3）出售這兩種權利的權力。以共同商定的價格將產權轉讓給他人的權力是所有權的基本組成部分。而企業的市場價格和所有者在企業中產權的市場價格，等於企業在整個運作期間預期可得到的未來剩餘的現值。將未來的預期收益資本化為市場現值的權力是所有權所特有的。如果將企業視為不同參與者（要素所有者）產權聯合的契約型合作組織，按職能分工的不同，所有參與者可分為三類：資本家、經理成員和生產成員。在資本雇傭勞動的條件下，古典企業治理的簡單模型可概括為所

有者，即經理。資本家作為企業的所有者，同時也承擔企業的經理職能，擁有剩餘控製權與剩餘收益權。在這個模型中，隱含著這樣的假設：經理成員的選擇表現為一種「自選擇」機制，資本家在擁有財富的同時，也擁有企業家能力，因而同時擁有剩餘收益權和剩餘控製權。

2. 現代企業治理

股份公司在「有限責任」的法律基礎上，成為私人所有的資源或私人資本集中的有效手段。每個股東的責任限制於其在企業的投資額度內。股權被分為很小的份額，股東按股權擁有量參與公司董事會、獲取剩餘收益的權利，也可在市場上自由轉讓股權而獲得利潤。

相對於所有者而言，法律並未改變股東所擁有的一組權利，但個別股東的剩餘控製權已經發生變化，這種變化是從股權分散的高度化開始的。高昂的交易成本使得股東不可能全部參與公司的決策管理，剩餘控製權在理論上仍然平等分佈於股東之中，但實際上對擁有控股權的大股東更有利。尤其是在典型的家族式股份公司內，股權往往為家族所控製，家族不僅享有剩餘收益，而且基本上掌握了剩餘控製權。在這個意義上，股份公司與古典業主企業相比，除了公司治理的組織結構更加複雜外，公司治理基於資本要素所有權對剩餘權的支配並沒有發生本質的變化。

股份公司之所以被稱為「現代企業」，是因為企業制度的重大歷史變化，這種變化的重要性並不僅限於資本要素本身的形態變化。如從債權融資到股權融資的變化，也不限於為了擴大企業規模而採取股份制的籌資方式，而是在於「管理革命」或「經理革命」，即管理日益複雜化，並出現將管理經驗上升為管理理論知識的需要。由此出現了擁有並依賴這種理論知識的職業經理階層，從而使管理科學成為現代企業制度的基本特徵之一。

「管理革命」的結果是股份公司由股東（可能是個人或家庭）控製

轉變為由經理控製。經理並非一定是資本要素的所有者，但基於企業家人力資本，實際上，他不僅擁有剩餘控製權，而且還參與剩餘收益的分配，這類企業就是所謂的「經理企業」。這一事實在實踐中已得到證實：董事會在決定經理人員人選的時候，也需要決定他的報酬。該報酬包括按照事前可評估的努力程度決定的報酬以及按事後產出決定的報酬兩部分。前者是契約性收益，即固定工資；後者則是剩餘收益的分享。經理企業的出現意味著資本家在擁有財務資本的同時，不一定擁有管理知識，而管理知識作為日益稀缺的人力資本，在要素市場競爭中是獨立的而不是從屬於資本與勞動的，成為企業契約不可或缺的組成部分，因而導致企業所有權與經營權的分離。這種分離的實質是企業家人力資本與財務資本這兩種資本及其所有權之間的複雜合約，古典的「資本家」被一分為二：一方面是單純地作為人力資本，顯示出他們「消極貨幣」的本性；另一方面是企業家人力資本，顯示出他們「積極貨幣」的本性。如果將管理科學定義為現代企業的基本特徵之一，在這個意義上，現代企業就是經理企業，而股份公司只是現代企業賴以生存發展的歷史性前提。

經理企業的出現使公司治理的產權結構更加複雜，其核心問題還是剩餘收益權與剩餘控製權在不同要素所有者之間的分配。在現代企業中表現為眾多財務資本產權與管理知識人力資本產權之間及其相互之間的競爭與合作，具體包括財務資本所有者對經理成員的選擇、約束、監督與激勵，投資者尤其是小股東、債權人的利益保護，董事會成員、經理成員的權利、績效評價與競爭，以及投資者「搭便車」的問題，等等。因為控製權的分配在一定程度上取決於資本結構的影響，對經理成員的激勵與選擇具有重要意義。因此，資本結構的選擇也被看作是公司治理的一個重要方面。

三、公司治理的產生

（一）公司治理的內涵

「公司治理結構」是一個較難準確翻譯的詞，英文原文是「corporate governance」。其中「corporate」一詞的意思是團體的、法人組織的，另一個意思是共同的、全體的；「governance」一詞的意思是統治、統御、支配、管理，另一個意思是統治方式、管理法。在中國，一般有公司治理結構、法人治理結構、企業治理結構和企業治理機制等不同譯法。雖然各種譯法的基本涵義大體上是相同的，但由於本書著重從理論上探討公司治理結構對會計信息質量的影響，很少涉及具體的實務操作問題，所以採用了公司治理結構的翻譯方法。

迄今為止，國內外文獻中關於什麼是公司治理結構，並沒有形成統一的解釋。要研究公司治理，首先就必須明確什麼是公司治理。這裡列舉幾種具有代表性的觀點。

（1）公司治理結構是公司賴以代表和服務於它的投資者利益的一種組織安排。它包括從公司董事會到執行人員激勵計劃的一切東西。公司治理的需求隨市場經濟中現代股份公司所有權與控製權相分離而產生。這是英國牛津大學管理學院院長柯森·梅耶（Mayer）1995 年在《市場經濟和過渡經濟的企業治理機制》一文中提出的定義。在定義中他強調了公司治理的功能。

（2）公司治理結構是確保企業長期戰略目標和計劃得以確立，確保整個管理結構能夠按部就班地實現這些目標和計劃的一種組織制度安排。這種安排要確保整個管理機構能履行下列職能：維護企業的向心力和完整性、保持和提高企業的聲譽、對與企業發生各種社會經濟聯繫的單位和個人承擔相應的義務和責任。這是美國公司董事協會（National Association of Corporate Directors）在 1981 年 4 月的會議紀要中提出的。

（3）公司治理結構是為瞭解決如下的委託-代理問題而產生的：如何確知企業管理人員只取得了適當地為盈利的項目所需的資金，而不是比實際所需的多？在經營管理中，經理人員應該遵循什麼標準或準則？誰將裁決經理人員是否真正成功地使用公司的資源，如果證明不是如此，誰負責用更好的經理人員替換他們？這是諾貝爾經濟學獎得主 M. H. 米勒（Miller）1995 年 7 月在上海的一次有關國有企業改革會議的致辭（Alternation Strategies for Corporate Governance）中，談到國有企業改革對中國長期發展的重要性時提出來的。

（4）公司治理問題是在高級管理階層、股東、董事會和其他相關利益者的相互作用中產生的。構成公司治理問題的核心是：①誰從公司決策或者高級管理階層的行動中受益？②誰應該從公司決策或者高級管理階層的行動中受益？當兩者存在矛盾時，公司治理問題就隨之出現了。也就是說，當「是什麼」和「應該是什麼」不一致時，一個公司的治理問題就會出現。這是科克倫（Philip L. Cochran）與沃特克（Steven L. Wartick）在 1988 年發表的《公司治理——文獻回顧》中提出的。

（5）公司治理結構是現代企業制度的核心，是由所有者、董事會和高級經理人員三者組成的一種組織結構。其要旨在於明確劃分所有者、董事會和高級經理人員各自的權力、責任和利益，形成三者之間的制衡關係。這是吳敬璉 1994 年在《現代公司與企業改革》一書中提出的，也是國內具有代表性的觀點。鄧榮霖教授認為，規範的公司治理結構，形成了股東所有權、董事會法人產權、總經理經營權三者之間既相互分離又相互聯繫、既相互統一又相互制衡的機制，因而能實現所有者目標和經營者目標的統一。這種定義實際上是狹義的公司治理結構的定義。

（6）所謂公司治理結構是指所有者對一個企業的經營管理和績效進行監督和控制的一整套安排。這是林毅夫在《充分信息與國有企業改革》一書中提出的。他認為公司治理結構中最基本的部分是通過競爭的

市場所實現的間接控製或外部治理。對公司而言，更重要的應該是通過競爭的市場所實現的間接控製或外部治理。因而他們是從內、外兩個角度來界定公司治理的，同時內、外兩個角度的中心是所有者對經營管理與績效的監督與控製。

（7）公司治理結構是一套制度安排，用以支配若干在企業中有重大利害關係的團體——投資者（股東和貸款人）、經理人員、職工之間的關係，並從這種關係中實現經濟利益。這是錢穎一教授1995年在論文《中國的公司治理結構改革和融資改革》中提出的。他認為公司治理結構包括：①如何配置和行使控製權；②如何監督和評價董事會、經理人員和職工；③如何設計和安排激勵機制。一般而言，良好的公司治理結構能夠利用這些制度安排起到互補作用，並選擇一種結構來減低代理人成本。近期的研究絕大多數集中於投資者（外部人）如何監督和約束經理人員（內部人）。

（8）公司治理結構研究的是各國經濟中企業制度安排的問題。這種制度安排，狹義上指在所有權和管理權分離的情況下，投資者與上市企業之間的利益分配和控製關係（Schleifer and Vishny, 1996）；廣義上可理解為關於企業組織方式、控製機制、利益分配的所有法律、機構、文化和制度安排，界定的不僅是企業與其所有者之間的關係，而且包括企業與所有相關利益集團（雇員、顧客、供貨商、所在社區等）之間的關係。這是梁能在《公司治理結構：中國的實踐與美國的經驗》一書的前言中指出的。

（9）公司治理結構狹義地講是指有關公司董事會的功能、結構、股東的權力等方面的制度安排。廣義地講是指有關公司控製權和剩餘索取權分配的一整套法律、文化和制度性安排。這些安排決定公司的目標，誰在什麼狀態下實施控製，如何控製，風險和收益如何在不同企業成員之間分配等這樣的一些問題。這是張維迎教授在論文《所有權、治理結

構與委託-代理關係》中介紹的由布萊爾（M. Blair）提出的觀點。

目前公司治理的發展趨勢是逐步注重對相關利益者的考慮，在對經營者進行有效監督的同時強調經營者的創新自由，內部治理機構與外部市場機制的逐步融合趨勢。另外一個發展趨勢就是逐步重視機構投資者的利益。公司治理既是指研究公司經營者監督與激勵問題的學問，也常常指解決上述問題的組織機構、體制或制度。根據上面所述國內外學者的不同觀點，關於公司治理可以歸納出如表 1-1 所示的不同理解。

表 1-1　　　　　　　　　公司治理的概念

角度	定義的核心內容
公司治理的具體形式	公司接管市場；機構投資者；市場競爭機制；董事會
公司治理的制度構成	公司治理的制度結構；公司治理的市場結構
公司治理的制度功能	是一套制度性安排；處理各方參與者之間的關係
公司治理的理論基礎	委託代理關係；信託責任關係；產權與控製關係
公司治理的基本問題	誰從公司決策或者高層管理者的行為中獲益；誰應該從公司決策或者高層管理者的行為中獲益
公司治理的潛在衝突	公司治理與公司管理的衝突；所有權與控製權分離後的問題

狹義上講，公司治理所要解決的是股東與經營者之間的代理問題。因此，公司治理被認為是企業的所有權安排，即在股東和經營者之間合理地配置權力和相應的責任，使股東能夠最大化自己的投資回報，也就是使股東利益實現最大化。

廣義上的公司治理超出了所有者與經營者的範圍，而將治理主體擴展到所有的利益相關者。作為股東，他們向企業投入了資本，因此獲得最大化的回報是理所當然的事情。隨著人們對企業認識的加深，人們才逐漸認識到其他利益相關者對企業的重要性，如職工向企業投入了智力資本和勞力資本，他們也理應獲得最大化的回報，但股東仍被看作是最

主要的投資者。從契約理論的角度來講，公司是所有參與者所達成的一系列實際和隱含的契約的集合，這些參與者既包括公司內部的股東、董事會成員、監事會成員以及職工，也包括外部的供應商、經銷商、消費者、社區以及政府等。因此，從廣義上來講，公司治理是為了保證以股東為主體的利益相關者利益總和最大化的一套制度安排。

公司治理是一種制度安排，通過這種制度安排來實現權、責、利在公司所有利益相關者之間的合理分配，其中主要包括所有者對經營者的激勵、制衡和監督。隨著人們對公司治理研究的逐步深入，公司治理的目標已經開始由「制衡、股東利益最大化」轉向「科學決策、以股東為主體的利益相關者利益總和最大化」。這主要是基於公司的長遠發展目標，而且以「制衡」為目標往往會忽視除所有者以外的其他利益相關者的利益，因為他們無法參與到制衡過程當中。為了保證以股東為主體的所有利益相關者利益總和的最大化，公司不僅需要建立完善的內部治理機制，如股東大會、董事會、監事會和經理層之間的監督機制、約束機制和激勵機制，而且需要一系列的外部治理機制來提升公司整體的治理效率和效果，包括資本市場、產品市場、高層管理者人才市場以及一些法律法規的約束和社會輿論的監督。

(二) 公司治理問題的產生

科克倫與沃特克在《公司治理——文獻回顧》中指出，公司治理問題主要包括股東、董事、高級管理層和公司其他利益相關者在相互作用中產生的具體問題。公司治理的核心問題包括兩部分：一是誰從公司決策或高級管理層的行動中獲利，二是誰應該從公司決策或高級管理層的行動中獲利。公司治理伴隨著公司制企業的出現而產生，與業主制和合夥制企業不同，公司制企業的所有權具有分散性，並且經營者一般由專業的職業經理人擔任，而不是公司的所有者。分散的股權結構以及兩權分離的共同作用促使了公司治理問題的產生。

1. 分散的股權

公司制企業的股東具有多元化的特點,這些股東在性質、利益出發點、股份比例等方面都有較大的差別,因此,當企業要採取某項行動時,要所有股東形成一致的意見和行動將面臨較大的困難,而統一意見和行動的過程將導致治理成本的上升。此外,由於監督是一項公共權力,每個股東都可以從監督中獲利,而單個股東對企業進行監督的成本則完全由單個股東自身承擔,這就造成了單個股東缺乏對經營者進行監督的動力。常見的是中小股東為了減少監督成本而傾向於「搭」大股東的監督「便車」,他們並不積極參與公司的決策以及對公司經營者的監督和控制,當然有些股東也不具備這種能力。由於監督的缺失,經營者容易侵害股東和債權人以及其他利益相關者的利益,主要表現為道德風險和逆向選擇。

2. 所有權與經營權的分離

兩權分離是公司治理產生的最根本的原因,導致了多重的代理關係。所有權和經營權的分離導致所有者擔任間接管理者的角色,所有者通過股東大會選舉董事並成立董事會來經營企業,股東大會還選舉監事並組成監事會來監督董事、經理人等,董事會又選聘經理人來負責企業的日常經營,因此組成了經理人代理董事會,董事會、監事會代理股東大會,股東大會代理所有股東的代理鏈條。這種狀況導致信息在所有者和經營者之間具有非常明顯的不對稱性。相對於所有者來說,經營者每天與企業打交道,對企業的熟悉程度遠遠高於所有者,並且所有者的信息多數通過經營者獲得,因此經營者處於信息優勢的地位,而所有者處於信息劣勢的地位。這種不對稱的信息態勢為經營者侵害所有者的利益提供了極大的可能性。

與公司制企業不同的是,業主制企業和合夥制企業的所有權和經營權都由所有者控制,企業的所有者即該企業的經營者,企業的控制只來

自一個聲音——所有者,不存在所有者和經營者的利益衝突,當然也不會有道德風險、逆向選擇等問題。而在公司制企業中,所有權與經營權的分離產生了兩個不同的利益主體——所有者和經營者。經營者很可能通過損害公司的利益來為自己謀取利益,如過度投資、過度的職務消費、財產轉移等。

(三) 公司治理需要解決的主要問題

1. 企業及其行為的合法性、合規性

知法、懂法、守法是一個公民立足的基礎,合法、合規經營是企業生存和發展的基礎。公司治理就是要在法律和法規的框架下建立一套制度來合理地在不同治理主體之間配置相應的權利和義務。其中,股東大會、董事會、監事會以及經理人的行為都要符合中國《公司法》《證券法》等法律法規的規定,上市公司還要遵守《上市公司治理準則》的規定。在法律法規的規範下,公司治理的目的之一就是要使企業及其行為符合各種法律法規的規定,以防止法律風險。

2. 合理控製代理成本 (股東與經營者之間的代理問題)

最初,公司治理的出現就是為了減少由於所有者與經營者之間信息不對稱而產生的代理成本。因此公司治理要解決的問題之一是合理地控製代理成本,通過一系列制度安排最大限度地防止經營者的逆向選擇行為和道德風險。

3. 保護中小股東利益

現有的研究表明,英、美兩國企業的股權結構屬於股權分散型的股權結構形態,其他國家企業的股權結構則屬於股權集中型的股權結構形態。如果股權結構是分散型的,那麼公司治理所要解決的重點問題是委託代理造成的「強勢經營者與弱勢所有者」及由此引發的一系列問題;如果股權結構是集中型的,那麼公司治理所要重點應對的是「強勢大股東與弱勢中小股東」及由此引發的一系列問題。在中國,公眾持股比例

非常低，公司並沒有真正意義上的公眾化，股權結構還屬於集中型。因此，公司治理不僅要解決所有者與經營者之間的委託代理問題，防止經營者通過各種方式侵害所有者的利益，同時還應該關注大股東與中小股東之間的利益衝突，防止大股東通過各種方式侵害中小股東的利益。

4. 企業決策的科學化

隨著公司治理實踐和理論的發展，公司治理的目標不應該僅僅停留在對代理問題的解決上，事實上，合理控制代理成本並不一定能夠保證企業健康、長久地發展，而科學合理的決策才是公司持續發展的保證。正所謂「一著不慎，全盤皆輸」，錯誤的決策可能導致企業面臨災難性的危險。在朝鮮戰場上，麥克阿瑟將軍曾經講過，「開始的時候，我們以為我們什麼都知道，但後來發現，事實是我們什麼都不知道」。人的認知能力是有限的，只有通過思想的碰撞才能產生更加合理的決策。隨著公司治理實踐和理論的發展，公司治理也被賦予了「促使企業決策更加科學化」的使命。公司治理機制在不同主體之間配置相應的權利和義務。這有利於制衡機制發揮作用，從而能夠在一定程度上防止個人「拍腦袋」式的決策，有利於增強決策的科學性。

5. 利益相關者之間的利益協調問題

股東之所以被多數人認為是企業理所當然的所有者，是因為他們對公司進行了資金的投資，這是對企業所有者的傳統認識。隨著人們不斷深入地對「誰是企業的所有者」這一問題進行探討，產生了一些新的認識。從更廣泛的層面來講，股東投入的資金是生產資料的一種，而員工投入的勞動力也是原材料轉換成最終產品的必要的生產資料，供應商提供的原材料更是一種生產資料，沒有消費者對產品的消費將會使公司陷入困境，政府以及社區的支持和配合也是企業營運必不可少的要素，員工、供應商、消費者、政府、社區等都是企業生存和發展的要素，因此他們也應該被納入公司治理的範疇當中。目前，利益相關者共同治理正

成為一種趨勢，因此，公司治理需要解決利益相關者之間的利益協調問題。

(四) 公司治理的形式

公司治理過程按照公司治理權力是否來自公司出資者的所有權與《公司法》直接賦予，可分為公司內部治理和公司外部治理。

公司內部治理是指按照《公司法》所確定的法人治理結構對公司進行的治理。中國《公司法》規定公司法人治理結構是由股東大會、董事會、監事會和經理組成的一種組織結構。其中股東大會、董事會、監事會和經理相互制衡共同實施對公司的治理。在公司內部治理結構中，股東大會擁有最終控製權，董事會擁有實際控製權，經理擁有經營權，監事擁有監督權。這四種權力既相互制約，又共同構成公司內部治理權。這種治理權力來源於以公司出資者所有產權為基礎的委託-代理關係，並且是《公司法》所確認的一種正式治理制度安排，它構成公司治理的基礎。

除了股東、經營者等公司利益相關者外，還有其他利益相關者，如債務人、非股東融資者、雇員、供應商、消費者等，其治理公司的權力來源於債權，或人力資本產權，或其他與公司有利益關係而擁有參與或影響公司治理的權力。這些利益相關者構成公司外部治理，它是一種非正式的制度安排。當公司進行不恰當地決策與經營，而內部人治理又無能為力、治理缺乏效率時，或出現內部人損害外部利益相關者時，外部治理將控製內部人治理，出現更換董事長、總經理、接管公司等情形。如日本的主銀行制是一種相機治理制度，該制度涉及工商企業、各類銀行等其他各類金融機構和管理當局之間非正式制度安排和行為。從各國公司治理現狀來看，都是內部治理與外部治理的統一，不同的是有的強調內部治理，有的強調外部治理。公司治理是內部治理與外部治理的統一，內部治理是基於正式制度的安排，而外部治理是屬於非正式制度的安排。

第二節　公司治理的基本理論

經過學者們不斷地研究，公司治理逐漸形成了內容豐富的理論框架。這個框架主要是由三個經典的理論組成：兩權分離理論、委託代理理論和利益相關者理論。這三個部分的內容相互聯繫，相互補充。

一、兩權分離理論

兩權分離即所有權與經營權的分離，是在公司制企業誕生之後產生的，它是公司制企業的一個重要特徵。在公司制企業出現之前，所有權與經營權是統一的，因而也就不存在監督和激勵經營者的問題，但在公司制企業中，如何監督、約束和激勵經營者為所有者以及其他利益相關者的利益最大化而努力成為一個非常關鍵的問題，不僅關係到企業的短期利益，還關係到企業的生存和發展。較早認識到這一問題的是亞當·斯密，後來貝利和米恩斯合著的《現代公司與私有產權》以及錢德勒的著作《看得見的手——美國企業的管理革命》兩本書對於這個問題進行了細緻的描述和充分的論證。

亞當·斯密是較早注意到兩權分離現象的經濟學家。他認為兩權分離是存在弊端的，它會導致股份公司的效率低下。他在《國富論》中指出：在兩權分離的企業中，疏忽、浪費、機會主義行為似乎成為必然事件，這也是大部分從事外國貿易的股份公司競爭不過私人冒險者的關鍵原因。

19世紀40年代的現代企業中，主要是鐵路企業開始採用兩權分離的管理方式，後來逐漸滲透到其他的行業當中，如建築業、金融業等。到了20世紀50年代，兩權分離的管理方式應用得越來越廣泛。

二、委託代理理論

現代公司的根本特徵就是所有權與經營權的分離，股東委託有能力的管理者經營企業，而他們自己只是作為出資人對經營狀況進行監督和控製。由委託人授權代理人進行公司的經營，所產生的風險依然由委託人來承擔。因此，如何讓代理人在經營管理過程中不因為個人的利益而忽視甚至侵害委託人的利益就成為一個非常重要的問題，這也是委託代理所需要解決的一個關鍵問題。因而公司治理的中心問題是要通過建立適當的監督機制、約束機制和激勵機制，使得代理人的決策和行為符合委託人的目標。

隨著對公司治理問題研究的深入，研究者們發現，委託代理理論也是有缺陷的，因為一個企業有眾多的利益相關者，所有者和經營者只是其中的一部分，內部員工、供應商、消費者、社區等都應該被考慮到公司治理當中。由於這一缺陷的存在，委託代理理論不能很好地解釋除所有者和經營者以外的利益相關者帶來的公司治理風險。概括起來，由委託代理關係而引申出來的公司治理問題主要包括大股東損害小股東利益（又稱「隧道效應」或者「隧道行為」）、股東代表損害股東利益、經營層的道德風險和逆向選擇帶來的經營風險、股東層對經營層的激勵風險、公司經營層能力局限帶來的經營風險等。

委託代理理論有一個根本的假設——公司本質上或者說天生就歸企業的出資人所有。從這一假設可以看出，委託代理理論忽視了其他的利益相關者，認為其他的利益相關者缺乏成為委託人的資格。委託代理問題所研究的深層次的問題是公司的最終所有者是誰、公司所追求的目標是什麼以及經營者所服務的對象到底是誰等。解決這些問題的關鍵是要明確和衡量除股東之外的其他利益相關者在公司治理中的作用和地位。

三、利益相關者理論

委託代理理論的基本假設使得該理論存在著忽視除股東之外的其他利益相關者的缺陷，也就是說委託代理理論涵蓋面太狹窄，存在一定的片面性。與委託代理理論認為股東利益至上不同的是，利益相關者理論集合了多種對企業有影響或者受企業影響的力量，這些力量對企業的發展而言同樣是必不可少的。「資本至上」的觀點認為股東向公司投入了資本，因此理所當然地應該成為公司的所有者。而反對這一觀點的人則認為股東所投入的資本僅僅是一種生產要素，如果從這一方面來考慮的話，企業的員工向企業投入的勞動力也是一種生產要素，同是生產要素的提供者，為什麼企業的所有權只屬於股東呢？況且僅有生產資料並不能夠為企業創造財富。另外，企業的債權人也是生產要素的提供者之一，他們需要承擔經營風險，即如果企業破產，企業很可能無法履行歸還債務的承諾，因此債權人也應該成為公司的所有者之一。同樣，對供應商、客戶等的負債也使得這兩類利益相關者成為公司的債權人。此外，公司還與外界發生著眾多的聯繫，如社區、政府、公眾等，這些利益相關者是否也應該享有一定的權利呢？答案是肯定的。因此，企業的權利主體是多元化的，「股東中心論」容易導致對其他利益相關者的漠視，並產生一系列的問題，而利益相關者理論彌補了委託代理理論的這一缺陷。

利益相關者理論的中心思想是：公司由多種不同要素組成，提供這些要素的人都是公司的利益相關者，他們為公司提供的各種資源是公司成功不可或缺的因素，應該讓他們都參與到公司的治理過程中。這一理論不否認股東的重要性，而是把股東放在第一位置的同時兼顧其他利益相關者的利益，因此公司治理的目標不是只為了實現股東利益最大化，而應該是以股東為主體的所有利益相關者利益總和的最大化。和其他的

許多理論一樣，利益相關者理論出現之後也引發了較大的爭論，讚成和反對的聲音都有。讚成者認為這個理論強調了利益相關者享有公司的治理權，這是與公司運行現狀相符合的，它能夠為公司治理提供重要的理論依據；而反對者則認為利益相關者全部參與公司治理的說法是不具有操作性的，因為參與公司治理的人員太多會適得其反，出現最終無人負責公司治理的狀況。所以，對於這一理論的好壞不能夠一概而論，需要吸收其中值得借鑑的部分，如讓利益相關者參與公司治理是一個很重要的思想，要解決的只是在多大程度上的參與較為合適的問題。

利益相關者不僅要承擔公司治理的風險，同時也會對公司治理造成一定的風險。利益相關者理論認為，企業在本質上是一系列契約的集合體，這一系列契約組成了一張「契約網」，這張「契約網」的締造者包括企業的所有利益相關者。如果所有的（至少是其中的一部分）利益相關者是理性的，那麼就有理由相信其中的一些利益相關者會採取「犧牲大家、滿足小家」的行為，或者由於眾多的利益相關者的利益以及行為方式的衝突而造成公司治理的風險，包括由於利益相關者之間的衝突而造成的風險、由於缺乏有效的監控機制而造成的風險以及由於經營失敗而造成的風險等。

四、公司治理理論的發展

公司治理理論的發展歷程簡單概括為三個階段：公司治理問題提出階段、公司治理思想形成階段、公司治理理論構建階段。

公司治理問題的本質就是企業契約的不完備問題。隨著企業規模的擴大，嚴格說是隨著企業契約的訂立人數的增加及公司制度的出現，公司治理問題逐漸浮出水面。1720年英國發生的南海泡沫事件，是當時公司治理亂象的典型代表。亞當·斯密在1776年出版的《國富論》中，也表達了對公司治理問題的擔憂，「這種公司的董事管理的不是他們自己的錢而是

別人的錢，因此，我們不能期望他們會像私人合夥企業中的合夥人那樣盡心盡力。就像富人的管家，他們容易把注意力投向枝節問題而不是放在維護主人的名譽上，並且，他們很容易忘卻這一點。因此，在股份公司的業務管理中，漫不經心和浪費總是無所不在的」。鑒於之後各國公司法對公司制度重大缺陷的彌補，以及大型股權分散型股份公司的普及程度有限等原因，此階段公司治理問題是間斷的、可控的。理論上也.僅提出了一些問題和表述了一些觀點，還未進入理論研究階段。

1932年伯利和米恩斯的《現代公司與私有財產》和1977年錢德勒的《看得見的手──美國企業的管理革命》，大致框定了公司治理理論發展第二階段的邊界。此階段內，相關的公司治理思想相繼形成。伯利和米恩斯從對現實世界的觀察開始，發現了股權結構日益分散而導致公司所有權與控製權相分離的現象，並指出一方面股東可以從股份制中獲得巨大利益，另一方面其負面影響也十分巨大，掌握了實際控製權的公司經理常常做出有悖股東利益的損人利己的事情。對此，理論界認為這是系統地研究公司治理理論的開始。1977年錢德勒的分部門、分行業考察進一步詳細描述和證實了這一問題。在這一階段中，企業理論得到充分發展，科斯、威廉姆森、阿爾欽、德姆塞茨、克萊因的思想對隨後的公司治理理論建構起到了重要的鋪墊作用。以1976年詹森和麥克林發表的《企業理論：經理行為、代理成本與所有權結構》為標誌，公司治理理論進入理論體系系統建構階段。

詹森和麥克林的研究將「伯利-米恩斯命題」納入一個完整的委託-代理模型中。該模型不僅說明了問題的產生背景、問題的演進方向，也提供瞭解決問題的基本方針，一度成為公司治理研究的基本範式。隨後，公司治理理論不斷深化。哈特從剩餘控製權角度解釋了委託-代理等公司治理問題存在的根本原因在於契約的不完備性。拉波特、洛佩玆、施萊弗和維什尼在2000年前後的一系列文章中指出，公司治理的主要問題

不是詹森和麥克林所界定的股東與經理的衝突，而是控制股東和其他股東之間的衝突；布萊爾則表達了另一種公司治理邏輯，認為公司治理的主體不只是股東，公司治理要符合全體利益相關者合作的原則。

　　近 40 年的公司治理理論系統研究的興盛，與現實世界中的公司治理問題頻出相呼應。布萊爾將 20 世紀八九十年代公司治理研究興起的背景歸納為四個方面：①美國與日本、德國競爭中的反思，如敵意接管、槓桿收購和公司重組的衝擊，經理高薪引發的不滿，大型公司裁員造成的恐慌，東歐多國轉軌對公司治理的需求。②1997 年發生的亞洲金融危機掀起了公司治理研究新高潮。在此之前，東亞、東南亞一些國家的繁榮頃刻之間變成了泡沫，之前學習日本、韓國等模式的風向，瞬間變為反思。③2002 年，美國排名第 7 位、世界排名第 16 位的安然公司幾乎一夜之間在財務醜聞中倒閉，連鎖效應般地，世通公司、泰科公司等相繼爆發財務舞弊案。曾標榜為最完善的美國公司治理模式遇到了重大危機，亡羊補牢般的《薩班斯-奧克斯萊法案》隨即出抬。④2008 年全球金融危機爆發，公司治理問題再次登上各類媒體的頭條。華爾街一些公司的高官一面領著高薪，一面將公司帶向破產之路，不僅普通公眾強烈不滿，連美國總統都提出譴責。

　　公司治理的理論構建過程與中國經濟體制改革基本同步，中國對公司治理理論的需求更為迫切。在中國，不是完善公司治理制度，而是從頭建立公司治理制度，甚至是從頭建立企業制度。對於國有企業，轉軌建立現代企業制度是一個公司治理課題；對於民營企業，家族、泛家族系統與企業系統的融合是一個公司治理課題；對於上市公司，服務公眾、藏富於民是一個公司治理課題。公司治理理論發展到今天，已經成為經濟學、財務學、金融學、管理學、法學等學科的研究熱點。在這個領域還有大量現象未被解釋，還有許多關係未被厘清，構建完整的公司治理理論體系和分析框架的工作任重道遠。

第二章　公司治理的模式

由於經濟、社會、法律、文化等方面的差異，不同國家和地區的公司治理狀況有所不同。從當今主要市場經濟國家的公司治理情況來看，具有代表性的公司治理模式大致有三類：一是以日、德為代表的內部治理模式，二是以美、英為代表的外部治理模式，三是以韓國和東南亞國家為代表的家族治理模式。

第一節　日本公司治理

一、日本公司治理的基本特徵

日本公司治理結構經常被形容為「相機性治理」，在這種治理結構中，只要公司運行良好，公司內部人員就保留著對公司經營的有效控製，但是一旦公司的業績惡化，這種控製就會被剝奪並服從於嚴厲的制裁，如強制的公司清算。公司治理中的三個主要角色支持了這種相機性的結構：董事會、股東和主銀行。

（一）內部治理的特徵

1. 董事會的構成

在法律的意義上，公司董事獨立對股東就公司的經營承擔責任。他們是在股東大會上由多數股東選舉出來的，並且必須按照法律和股東大會的決議忠實地為公司工作。董事會就是為了監督各個董事的工作而設立的。董事會做出重大決策並由執行董事完成。這種「單層制」董事會結構與英國和美國的董事會結構相似，但是與德國的公司董事會結構不同，後者有一個獨立於董事會的「監事會」來監督公司的經營。

儘管日本和美國的董事會的法律框架是相似的，但是董事會的實際功能還是非常不同的。在美國，董事會趨向於任命首席執行官和其他高級管理人員並且監督他們的工作；而在日本，公司的董事會重點是做出戰略性和經營性的決定。

這種在董事會的功能上的差別也反應在兩個國家的董事會的構成上。在美國的公司，任命了很多來自公司之外的董事。他們必須在公司的經營方面有一定的專業知識以便代表股東來監督公司的運作。相比之下，在日本的公司裡，董事通常是從公司的中層經理中提拔上來的，在很多情況下董事仍然是公司的雇員。由於董事對於公司如何運作能準確地瞭解，人們通常期待董事能夠做出戰略性的決定來引導公司。雖然有過於單純之嫌，但是我們仍然可以這樣認為：日本公司的董事會通常是內部人的領域，而美國公司的董事會通常是代表股東的外部人。

日本公司的董事會結構被認為有很多優點，特別是在終身雇傭的情況下。晉升到董事會的這種潛在可能性成為公司的雇員忠於公司並努力為公司工作的重要激勵機制，對公司非常瞭解的董事所構成的董事會也能夠選擇推動公司穩步發展的最合適的戰略。

但是，這樣的董事會結構也有缺點。首先，它傾向於在董事會內部創造一個等級結構，還會削弱董事會監督董事工作的作用，特別是董事

會主席的工作作用。發生在公司內部的提升會在董事之間建立資歷之分，因為大多數情況下，這樣的提升是由董事會主席和董事會主持人以及其他一些有影響力的人，例如前任主席或者主持人和資深董事來決定的。這種等級結構使得在董事長和資深董事之間以及資深董事和資歷較淺的董事之間的層級差別日益擴大。其次，在這樣的董事會結構中，為了回報長期效力的經理們，董事的數量會隨著時間的推移而增加。1998年6月，上市公司的董事的平均數量大約為20個，有49個公司有40個左右的董事。由於董事會的這種規模較大，並且伴隨著這種規模的等級結構較複雜，在大型的日本公司中，通常由一個包括董事會主席和少部分資深董事在內的委員會來做出重大的經營決定，而這些決定幾乎自動地為董事會的全體董事所批准。因此，若不考慮法律責任的話，日本大型公司的董事會不僅在監督董事的工作方面而且在指導公司的經營方面所起到的作用都是比較表面的。

2. 法定監事

為了平衡從公司內部提升上來的董事的權力，商法典要求必須任命法定的監事。與董事相似，他們必須由股東直接選舉，並且為了股東的利益而監督董事的工作。法定監事有權從董事和雇員處獲得有關公司經營狀況的報告，有權檢查公司的運行和財務狀況，有權出席董事會議，並且在他們認為董事的行為違反了法律或者公司章程的條款，並且有可能給公司造成嚴重損害的時候，有權要求終止該董事的行為。

正因為人們期待法定監事提供來自公司管理層之外的監督，並且強化董事會的監督職能，所以法定監事不能同時是公司的董事或者雇員。另外，資本額達到50億日元以上的公司及債務額達到20億日元以上的公司，除了一個財務監事之外，還必須有至少3個法定監事，這些監事組成一個監事會。並且他們之中至少有一個人是「獨立的」個人，即他在過去的5年中既不是公司的董事，也不是公司的雇員。

應當注意的是,商法典既沒有禁止董事同時作為執行官或者雇員,也沒有要求任何「獨立」董事。因此,法律的設置是期望法定監事在代表股東監督公司的經營時扮演主要角色,這支持了從公司內部任命董事的實踐做法。但是,在現實中,「獨立」監事大約占法定監事的一半,他們常常是從重要的商業夥伴中來的,例如集團公司和主銀行的前任雇員或者個人,這些人不可能毫無偏袒地監督公司董事的工作。

3. 董事的利益

如果不考慮這樣一個事實即董事在法律上是對股東負責的,那麼董事並不必然地會有動力重視實現股東利益的最大化。引導董事為股東獲取更多利益的簡單辦法就是把他們的報酬和股票的價格聯繫起來。為了實現這一目的,各國家普遍採取了給予執行官股票期權作為其部分報酬的方式,特別是在美國這種做法很普遍。在日本公司中,鼓勵董事購買和持有公司股票是很普遍的事情,但是迄今為止授予執行官股票期權的行為還不是非常流行,部分的原因可能在於不利的稅收待遇。

把董事的報酬和股東利益聯繫在一起的另一個機制,是建立一個由「獨立」董事組成的報酬委員會。人們期待,這一委員會能夠根據它對公司執行官業績的評價並結合股東利益的增減來決定公司執行官的經營性薪水的多少。至今為止,日本幾乎沒有採納這種機制的公司。儘管在日本,董事的薪水是在股東大會上批准的,但是它通常是在整體的基礎上要求批准的,而不是就各個董事的薪水分別進行批准的。而且,對於同時是雇員的董事既支付雇員薪水也支付董事薪水的做法,在實踐中也較為普遍,而這可能削弱了股東的監督作用。

應當指出,由中層經理提升到董事,並沒有為他在報酬和職責薪金方面帶來足夠顯著的變化,也不足以使他意識到伴隨其晉升所發生的角色和職責上的質變,儘管董事經常有權力享受各種額外利益,比如大辦公室、秘書、公司轎車,等等。與其他各國家相比,日本董事的平均經

營性薪水是比較低的，特別是資歷較淺的董事雖然比中層經理高一級，但是仍然處在公司等級結構的中層。這可能阻礙他們全面履行對股東的責任。董事對股東責任的淺顯的認識可能也是與日本公司組織中多數意見的形成、自下而上的決策過程相聯繫的。

4. 股東的權利

股東的首要權利是在股東大會上任命董事並且在必要的時候解雇董事，與之相伴的是，股東有要求董事和法定監事在公司股東大會上報告公司經營狀況的權力。股東還有權力知悉和參與可能導致公司結構根本性變化的決議，如公司章程條款的修改和重大交易。另外，商法典規定董事和法定監事的薪水應當由股東大會決定。而且儘管董事會負責形成和貫徹公司的戰略，但是對股東來說，通過修改公司章程條款來限制董事會的權力在法律上仍然是可能的。

商法典也為少數股東提供了保護，如嚴格建立起來的「一票一枚」原則。少數股東有權力召開股東大會，有權力請求法院任命視察員來核查股東大會的程序。商法典中所規定的少數股東的最重要的權力之一，就是股東具有反對董事不正當行為的訴訟權力。這一制度在 1950 年被引入以來，很少發生這方面的法律訴訟，因為起初要求股東根據所訴公司受到的損害來支付巨額的訴訟費。但是，隨著 1993 年商法典的修正，戲劇性地將費用降低到 8,200 日元這一固定的數額，從而使得這一權力行使。

(二) 外部治理的特徵

1. 主銀行制度

在日本，對公司管理層的外部控製通常是由債權人進行的。在公司債權人中，與公司有密切的商業關係的銀行仔細地監督著公司的運作，並且代替收購市場通過干預公司經營實現外部公司控製，特別是在公司處於財務危機狀態時。這一主銀行制度是日本公司治理結構中最主要的

特色。

對於主銀行,沒有嚴格的定義,但是它通常是公司最大的債權人。主銀行關係意味著當關聯公司需要外部資金支持它的運作或者投資的時候,關聯公司就會請求銀行貸款,而銀行會獨自或者組織財團以一種有利的條件來安排所需要的貸款。同時,主銀行通常是主要股東之一,在很多情況下,這是交叉持股安排的結果,儘管它並不必然是最大的股東,因為法律規定禁止銀行持有任何特定公司5%以上的股票。而且,在大多數情況下,主銀行是公司各種金融服務的首要提供者,這不僅包括了貸款的延續,也包括了支付、結算操作和債券發行的認購管理。主銀行有時候還提供管理資源,例如給予財務和投資意見,甚至會把自己的經理派到董事會去擔任董事或者法定監事。

2. 主銀行的監督

作為最大的債權人和大股東,主銀行的利益與公司的經營狀況密切相關。通過上文提到的職能,主銀行可以定期獲得很多的公司財務和營運狀況的信息,使得銀行能夠對公司的管理進行有效的監督。主銀行能夠進行三種監督:事前監督、事中監督、事後監督。事前監督主要關係到公司的投資決定。由於重要的投資通常要求外部資金支持,主銀行可以通過審查貸款申請來監督公司的投資決定。事中監督涉及公司正在進行的業務和工程的進展情況。主銀行最適合監督這些狀況,例如通過監督公司結算帳戶每日的現金流量實行監督。事後監督涉及對公司財務狀況的評價並且當公司處於危機之中時,主銀行對公司的經營進行關鍵性的干預以採取必要的糾正措施。由於掌握了有關公司的眾多信息,主銀行很適合有效地決定是拯救公司還是清算公司以及如何重構公司。而且作為一個重要的債權人和股東,主銀行不僅對於公司的經營有決定性的影響,而且能夠適當地協調各個利益相關者的要求,有時甚至通過接受一個較大的失調比例的債務負擔來拯救公司以實現這一目標。

主銀行制度對日本銀行來說是有益處的，它使銀行能夠分散其貸款投資的風險，同時又通過其對公司經營進行管理來降低收集信息的成本。銀行也能通過與客戶公司的長期關係獲得足夠的利益，這些利益通常是公司為了在必要時能夠獲得主銀行的救助而以額外存款、對雇員薪水帳戶的獨占管理、高利率等來向主銀行支付的。

3. 政府的角色

政府在支撐主銀行制度中起了重要的作用。首先，法律的規定有利於保護主銀行獲得的利益。在20世紀80年代縮小國家干預的範圍之前，政府對於存款利率一直有嚴格的控製，存款利率一直保持在非常低的水平上以便於銀行能夠通過擴大貸款獲得相當大數額的利潤。因此，銀行之間的競爭主要就與借款的數量相關了。在這種情況下，做主銀行就非常有利可圖，因為主銀行的位置可以確保銀行長期對客戶公司的借款佔有最大比重。有效限制銀行業市場准入的法律規定也有利於保護現有銀行的利益。其次，政府提供了對主銀行的約束。通過實施對銀行的調整性和監督性權力，對於銀行來說，政府扮演著監督主銀行的角色。一旦政府發現銀行處在困境之中，政府就可以採取適當的糾正措施，包括把該銀行與一個業務運行良好的、安全的銀行合併。

4. 相機性治理機制

在日本過去若干年裡，主銀行相機性控製的公司治理結構運作得非常好。主銀行制度不僅對銀行而且對其他因為主銀行的監督而搭便車的利益相關者來說都是非常重要的，尤其是當社會缺乏財務專家的時候，這一點就顯得尤為重要。而且，主銀行對公司經營的監督，特別是事後監督減少了與公司破產相關的風險。因此日本公司能夠從主銀行和其他金融機構獲得相當數額的資金。與英國和美國的公司相比，這一點使得日本公司處在高度的負債狀態，有利於降低他們資本的成本並且鼓勵他們從事長期項目的投資。

還應當指出的是，這種在很大程度上依靠主銀行的監督角色的相機性治理機制也有局限。首先，這種監督不可避免地因為主銀行的利益而有失偏頗，因為主銀行通常也是其客戶公司最大的債權人。正如上文所述，主銀行同時也是大股東，可以化解在借款人和股東之間存在的代理矛盾。但是，需要注意的是有效的公司控製的變化通常是由公司的財務危機所觸發的，相機性治理機制起到的是保護借款人利益的作用而不是實現股東回報的最大化的作用。其次，這一機制在內部層面存在著導致銀行和公司不對風險進行合理判斷的趨勢。在法律規定所保護的、作為主銀行可獲得的利益的支持下，銀行之間對其借款規模的競爭，會使銀行成為主銀行監督的搭便車者，沒有充分衡量風險就增加其借款；反過來，為了保住主銀行的地位，銀行傾向於進一步擴大其對客戶公司的貸款。公司舉債經營的程度越高，公司資本的成本就越低。銀行之間貸款規模的競爭能夠把貸款的利率保持在一個相當低的水平上，這就鼓勵公司投資於那些預期收益較低的項目上。從股東角度來講有效監督的欠缺可能導致公司的低利潤和證券的低回報。最後，主銀行的監督角色一方面由主銀行所獲得的與其地位相關的足夠利益所支持，另一方面，也是由銀行行使有效監督的權來支持的，特別是當其客戶處在危機之中時銀行承受大型的比例失調的債務的能力。

不過，這一治理機制很多年來在日本運作得都非常好，很可能是因為特定公司的關鍵股東主要是它的附屬公司或者商業夥伴。正如上文所述，這些關鍵股東對於繼續保持與公司的商業關係以提高證券的回報更有興趣，也因為考慮到在增長型經濟中，在日本公司普遍強勢的業績下，這些回報並不是特別低。20世紀80年代的經濟擴張有助於降低主銀行的成本，因為他們的客戶陷入危機的風險的概率相對較低，而資產價格的增加為銀行加強銀根創造了巨大的潛在利潤。

第二節　美國公司治理

一、美國公司治理的基本特徵

美國是現代市場經濟發展最為成熟的國家。在這個少有封建傳統的國度，雖然建國不過兩百餘年，但有著近一個半世紀的公司發展史。作為一個移民大國，美國歷來強調追求自由和提倡個人主義，現代美國的公司就是植根於傳統自由資本主義的土壤中逐步發展起來的。

美國公司治理特徵表現為：由於作為主要股東和機構持股者對經理人員不能直接施加影響，所以公司治理更多地依賴於資本市場（特別是股票市場，改變所有權歸屬），結果導致股票週轉率很高，出現嚴重的持股短期化。經理人員面對主要股東的這種壓力只能偏重於追求短期盈利，而對研究、開發和資本投資不太重視。

美國最近正試圖改變以往的做法：①強化機構投資者的作用，1993年前後出現的一系列大公司的職員被解職、被強迫退休，就是機構投資者站出來主動說話的結果；②嘗試加強商業銀行的作用，允許商業銀行從事證券交易活動。例如，1989年以後，美國有關當局開始允許商業銀行進行有限的證券交易活動（規定這部分收入不能超過總收入的1%）。但總的來說，到目前為止，這種改變的程度仍比較弱，對公司治理結構狀況的影響甚微。

二、美國公司治理制度產生的背景

美國雖然只有200餘年的歷史，卻有著150多年的公司發展史，其發展進程幾乎與英國同步，而且其公司的規模、數量大大超過了其他國

家。可以說當今的美國是現代市場經濟發展最為成熟的國家,目前有各種公司700多萬家,被稱作「公司王國」。19世紀40年代以前,美國基本上還處於古典企業時期,私人業主式企業和合夥制企業在美國經濟中占主導地位,公司制企業不僅數量少,規模也比較小。由於企業規模較小,大部分是單功能工廠制企業,因而都沒有中間支薪經理階層,其經營結構和管理方式非常簡單,還談不上什麼組織結構,更談不上公司治理。19世紀40年代起,隨著鐵路等現代交通運輸方式的迅速發展,美國國內許多分散的地方市場迅速融合起來,形成了統一的國內市場,幾乎與英國同步,現代公司也隨之產生和發展起來。

19世紀下半葉,科學技術的新發現和新發明在工業上的廣泛應用以及激烈的市場競爭造成了美國公司規模和數量上的急遽增加。內燃機的發明和新的煉鐵技術的使用直接推動了機械製造、輪船和鐵路運輸的發展;19世紀70年代後相繼發明的發電機、無線電、電燈、電話、電車等為工業電氣化提供了可能。新興工業部門如電力、石油、汽車、化工在此基礎上發展起來;礦業、鋼鐵、運輸等重工業部門日益居於統治地位。這些企業一般具有較大的規模,同時需要吸引大量的資金投入。這是股份公司之所以得以發展的客觀需要。為了擴大企業的規模和實力,企業紛紛採取股份公司的形式以期在競爭中取勝。美國雖不是實現股份制最早的國家,但是後來居上,股份公司的經濟實力在美國經濟中占絕對優勢。

公司法在美國的發展和英國大體相同。在19世紀後半期,各個州通過了簡化公司組建過程的法案。法案規定,公司治理通過股東會實現,股東會有提名並選舉董事會以及要求董事承擔責任的權利。

有關學者在評述美國股份制的發展時說:「從業主制、合夥制過渡到股份制,同時從家族統治過渡到兩權分離,形成企業家和經理階層,這是資本主義對生產關係的重大調整,對推動生產力的發展起著明顯作

用。這兩個轉變在美國比在英國和德國做得快、做得好，這是美國在 19 世紀末能迅速趕超英、德的重要原因之一。」

嚴格地說，美國公司治理基本結構的形成始於二戰前。作為特殊的歷史事件，1919 年，密歇根州最高法院在道奇對福持公司的訴訟中所做的裁決，成為公司治理發展歷程中的重要事件。這一裁決進一步明確了企業是為了股東的利益而組建運作的，管理者不能無視股東的利益而濫用權力。雖然在當時要想完全做到確保股東的利益有一定難度，但尊重股東的利益已經成為普遍接受的法律觀點。

美國現代企業制度初建之後，逐漸形成了一支專業的、高質量的經營管理隊伍，而且在對管理人員的培訓教育方面走在了前列。這使美國企業的競爭力得到極大提高。但與此同時，經營者的權力也發展得越來越大，以至於經營者獨斷專行，從而在當時的企業中出現「強經營、弱股東」的現象。通過內部機制制約經營者的權力雖然是一種方式，但董事會能發揮的作用極為有限。

另外，由於美國證券市場發育比較早，也比較成熟，美國公司注重外部控制機制，即來自於股東的監控。美國的公司治理模式根植於 19 世紀末的公共證券市場。當新的工業公司為擴大生產規模而籌措資金時，他們主要選擇的是從事政府債券和公共事業公司股票交易的證券市場。紐約證券交易所於 1792 年成立，它為當時美國公司籌資活動起到了重要的仲介作用。19 世紀到 20 世紀不斷出現的金融危機導致股票市場的大波動。其後，國會的調查發現銀行與投機者聯手操縱市場，把存款人的錢借出去搞投機、向官員行賄等。國會因此決定通過立法對證券交易所加強管理，建立了一套自我約束機制，監督向公眾出售證券的經紀人的活動，成立了聯邦證券交易委員會，執行新的聯邦證券法，嚴格劃清投資銀行和商業銀行的界限，同時更加嚴格地要求上市公司徹底公布財務狀況並給局外人以更大的監督權。自此，股票和債券交易活動增

長驚人，紐約證券交易所的成交量從 1976 年到 1991 年每年增長 15%。股東通過在證券市場上「用腳投票」買入賣出股票或對企業進行併購接管等方式實現對經營者的監督。這種外部環境的變化，賦予 20 世紀 80 年代的公司治理新內涵，使其又增加了許多防止敵意收購的新內容，如毒丸計劃、秘密投票權的導入等。僅 1985—1990 年，通過惡意接管而易主的公司股票價值達 1,400 億美元。

20 世紀 80 年代中期，股東監控機制也帶來了經營者的短期行為，美國政府決定鼓勵持股人參加公司投票選舉，即「用手投票」。一些大股東出於自身利益的考慮開始直接關注企業的經營，惡意接管幾乎停止。機構投資者的迅速發展使其在股東監控機制中所發揮的作用引起了越來越多的關注。種種法律規定也做出了調整。20 世紀 90 年代以來，美國公司治理又進入了一個變革時期，其核心在於如何強化董事會對經營層的監督作用。

第三節　德國公司治理

通常，德國的公司治理結構與英美的公司治理結構被描繪成兩種對立的模式。英美模式是建立在資本市場主導的金融體制上，投資者「用腳投票」和隨時可能出現的敵意收購是主要的企業控製機制，使得公司管理者需要隨時保持警惕，但同時也不利於他們進行長期決策。相反，德國模式建立在銀行主導的金融體制之上，對資本市場和外部投資者依賴較弱，以銀行為主的金融機構在公司治理結構中發揮重要作用，不但提供融資，而且控製公司的監事會，憑藉內部信息優勢，發揮實際控製作用。這種機制據說有利於企業尤其是大型企業的長期發展，但也存在爭論。

(一) 內部治理特徵

德國公司治理結構最顯著的特徵是監事會與執行董事會的分離。董事會一詞涵蓋了德國主要公司的兩種董事會。全部的公共有限公司和員工超過 500 人的私人有限公司，根據法律，必須要有一個監事會和一個執行董事會，這種雙層委員會結構可以追溯到 19 世紀 70 年代。這種法律結構適用於股份公司乃至大規模的有限責任公司。執行董事會由內部高級管理層構成，負責公司日常經營管理；監事會由企業外部人士構成，主要任務是任命、監督執行董事會。監事會和執行董事會之間的功能區別由法律界定，而且存在根本的不同之處。這種情況和單一的董事會制度形成了鮮明對比，在單一的董事會制度中，企業的戰略決策和日常經營往往是統一在一起的。而在德國，監事會與執行董事會的成員不能交叉任職。監事會、執行董事會和股東全體大會是公司的三個法律機構，共同出現在年度股東大會上。

1. 股權結構

從企業控製的角度來看，考察德國國內的所有者結構比較關鍵。在選擇數據時應當小心，因為存在著很多看似相同，實則差別很大的數據。總體來看，德國公司所有權高度集中和少數股東作用有限。1998 年，在德國 100 家最大的公司中，只有平均 26% 的公司實行了所有權分離，18% 被家族控製，14% 由政府控製，17% 由國外的投資者控製，14% 由其他公司或銀行控製。這種所有權結構在最近 20 年並沒有多大的改變。與其他發達國家相比，德國上市公司的數量和市場資本化程度是非常低的。

從企業控製的角度來看，公司股權的集中程度具有重要意義。所有者持有的股份規模大小與企業的控製權有很大關係。與國際相比，德國上市公司的股權集中程度非常高，在中小企業中尤其明顯。1990 年，德國大股東持股比例超過 25% 的公司高達 85%，而這一比例在法國和英國

分別為79%和16%。

此外，由於普遍存在的相互持股，公司的直接所有者不等於最終所有者，這使得德國股權結構異常複雜。儘管在德國實行的基本上也是「一股一票」原則，但一些因素使股權結構與投票權結構並不完全一致。例如，在一些公司（主要是公益性公司）中，一些股權擁有多重投票權，一些公司（尤其是股權比較分散的公司）對大股東的投票權規定了上限，一些不可轉讓的記名股票，使得管理者擁有更多的企業控製權，還有一些股份並不是由實際行使控製權的人所擁有。

2. 股東大會

德國公司法規定，股東大會是公司最高權力機構，由全體股東參加，定期或不定期舉行股東大會，但每年至少舉行一次。股東大會的職責是選舉監事會成員，確定選舉監事會的具體措施，確定年終分紅，確定年終報告的審計人，確定公司創建和經營的審計人，修改公司章程，決定公司解體等。

股東擁有的權益除了在股東大會上行使表決權外，還有信息要求權和質疑權。但股份公司法規定，只有持有5%的股份或超過100萬馬克的股東，才有權提出特殊的信息要求。股份公司法同時規定，股東有權對監事會和執行董事會提出質疑，並要求他們在一個月內給予答覆。但是質疑者必須是股份占到註冊資本10%的股東，才可以通過特別質疑議案。股東大會的具體議事日程由監事會確定，只有股份達到註冊資本的5%或100萬馬克的股東，才有權提出改動議事日程的要求。在許多德國公司中，非投票、限制性和多重投票的股票結構限制著投票權，所以公司容易受到少數控股股東的控製。在股東大會上，持有投票權的股東通常可以有多種選擇：直接參加股東大會；委託別人代理（給出或不給出直接的意見）；放棄投票權。很多小股東通常並不直接參加股東大會。在德國，銀行往往是「自然」的代理人。這種安排使得在股東大會上投

票權結構與所有權結構相差很大，對於股權分散的公司尤其如此。1997年上市的公司中，行使投票權的股份平均為 63.5%。

(二) 外部治理的特徵

1. 資本市場的狀況

與英美相比，在資本市場上，德國公司治理的作用發揮得非常有限。德國的上市公司不到 700 家，相比之下，英國上市公司接近 3,000 家。而且德國的股市是「頭重腳輕」，集中化程度非常高。

1996 年，德國 681 家上市公司中，前 10 家占市值的 41.6%，前 30 家占 71.6%，前 50 家占 80.8%。股票市場在公司治理方面發揮的作用取決於其信息的有效性。有證據表明德國的股票市場目前還只是「弱勢有效市場」，因此德國股票市場在公司治理方面的作用較小，只局限於少數公司。德國企業通過股市外部融資的比重較低，分紅比率在現行法規下較多地受管理層控製。所有這些均不利於股票市場在公司治理方面發揮作用。但是，近年來德國公司在境外（尤其是在美國）上市的趨勢不斷增強。從公司控製的角度來看，與英美相比，企業併購在德國數量較少，而敵意收購直到最近都可以忽略不計。據 Franks 和 Mayer 統計，英國在 20 世紀 80 年代中期，有過 35 次成功的敵意收購；而德國在 1945—1994 年的半個世紀中，僅有 3 次。因為德國複雜的股權結構、代理投票機制、獨特的雙層董事會制度以及相關法律的缺乏都阻礙了這一市場的形成。

另外，不同於英美，機構投資者在德國資本市場中的作用極其有限，是投資公司和年金基金控製著支配性的債權和地產，而不是股票。一家典型的年金不可能擁有高於 10% 的股票控製。這種局面反應了這樣一個事實，那就是在德國，絕大多數年金基金資金不足，債券（一般占其投資總額的 7 成）生成穩定的收入流，彌補其支出。低通貨膨脹率助長了固定利率的債券，因而進一步加劇了德國的債券和股票之間的鴻

溝。例如，在這方面，德國的差距（2.5%）大於英國的差距（1.9%）。個人直接持有股票受到這樣的事實壓制，即股利要受所得稅的影響，而相比之下，利率在很大程度上是免稅的。

不過，這樣的情況可能要改變。年金基金和保險公司都可能增加它們的股票持有比例，銀行和公司都可能降低它們的股票持有比例來迎合這樣的趨勢。這是因為歐共體日益激烈的基金保本和管理的競爭，導致對更高投資回報的重視。多元化的需要也對年金基金和其他機構投資者增加了擴大持股比例的壓力。公眾不得不定期表現出對以股權為基礎的共同基金的熱情。大約90%的共同基金是基於固定利率的，這再次反應出德國過人的低長期通貨膨脹率的事實。

此外，大企業中反收購裝置普遍存在，它們可以在德國全部最大的12家企業的公司章程中被發現。這些制度消除了股東接受收購溢價的可能性，從而大大降低了敵意收購或兼併的可能性。

2. 德國全能型銀行的特殊作用

銀行在德國公司治理結構中發揮著核心作用。這不僅是因為銀行是公司主要的資金提供者，而且還有一系列與公司治理有關的功能，如持有公司股份、代理其他股東投票、在公司監事會中佔有重要席位、為公司併購提供諮詢和融資，以及在德國證券交易體系中發揮重要作用。除此之外，銀行還在立法、政府行政、金融監管等多方面發揮作用。

（1）長期安定股東。銀行對企業的持股，主要是歷史原因造成的，反應在德國工業化初期自由競爭市場和資本市場的形成不充分的狀況下，工業化進程主要來自政府和銀行的推動。特別是19世紀，針對德國作為資本主義後發國家，民間資本原始累積匱乏和資本市場欠發達的狀況，德國全能型銀行（商業信貸與投資一體化）擔負起集聚民眾零散資金、提供長期信用貸款、創建現代大型股份公司的重責。這樣，銀行在國民經濟發展和企業成長中發揮主導作用的狀況一直延續到現代。不

過，二戰之後德國銀行對企業持股的意義相對於資金提供，更多地體現在戰略性持股上，即通過持股與企業建立長期交易關係，並防止國外資本對德國重要企業的敵意收購。這種銀企關係有利於資本的長期投資，並限制管理行為以回應資本市場變化為導向的「短期化」。不管是長期資金提供還是戰略持股，都意味著銀行對企業持股具有長期性。因此，德國大企業真正進入證券市場流通的股票是相當有限的。

（2）積極參與公司治理。在德國，投資銀行和商業銀行的業務並沒有嚴格的區分。因此，銀行對企業往往具有股東兼債權人的雙重身分。作為公司的資本和長期借貸資金的提供者，銀行需要積極參與公司治理，以保護自己的權益。長期以來，公司監事會成員主要由銀行代表或銀行提名人選把持。過去，人們習慣說德國企業的監事會中有60%的銀行代表來自德意志銀行，20%是接近德意志銀行的人，另有20%的監事會銀行代表來自其他銀行。雖然這種說法過於誇大，但迄今為止銀行在德國的公司治理體系中占據重要位置是不爭的事實。目前，在德國84家大公司中，有75家的監事會有銀行代表，有31家的監事會主席是銀行代表，在這31家企業中，又有18家監事會主席是德意志銀行的代表。

（3）受託投票權。由於德國很多公司的股票是不記名非流通股票，而且股東習慣於將股票交給銀行託管，銀行因而取得了相應股票的代理投票權，代理期一般為15個月。在德國，絕大多數股票是由信託人儲藏在銀行中的。客戶只是簡單地持有銀行的股份帳戶而已。在這期間如有股東大會，銀行應通知相應股東其投票意願，同時徵求股東的意見。如果股東沒有明確意向，銀行就擁有了很大的代理投票權。只有2%～3%的個人信託股東委託銀行按自身意願去行使投票的權力。

德國壟斷委員會1978年調查了前100家大公司，發現銀行控製了近40%的投票權，並在監事會中佔有2/3的席位。根據1992年的一份

抽樣調查（樣本數為 65 家公司），銀行直接控製投票權 13.2%，銀行附屬的投資公司投票權為 10.11%，銀行代理投票權為 60.95%。因此，共有高達 84.26% 的投票權與銀行有關。

通常，大銀行都設有產業部門，負責監督重要的產業企業的狀況。這些部門向銀行在監事會中的代表提供信息，並為他們事先準備好要在董事會上提出的問題。銀行代表在正常情況下，在監事會開會之前，要把材料呈交給銀行的這些產業部門，一般是每 3 個月一次。然後這些部門的職員再準備一份交給董事的信息文摘，並提煉出在會上發言的要點。

（4）交叉持股。德國公司交叉持股的情況比較普遍，披露這種持股的義務只限於持股比例超過 25% 的情況，如果持股比例繼續超過 50%，則有將股權變動情況繼續通知權利各方的責任。銀行和法人股東對公司有著重要影響。這些公司的股東利益涉及長期的戰略性考慮，而不是股利成長或股票的資本增值。作為企業經營的一個標準，股東價值理論在德國沒有足夠的事實證明是企業的一種主要選擇，這在很大程度上是由於企業間交叉持股的緣故。

3. 員工參與治理：獨特的共同決定制

德國與英美治理模式的區別主要在於，德國公司職工對企業資源和收益配置具有重要發言權的共同決定制度。企業內勞資聯合委員會對經營決策有很大的參與權，員工在監事會中也有代表。這些制度有利於長期穩定就業，並提高了員工參與組織管理的程度，這些都與以市場或股東為導向的英美型公司治理模式形成了對比。

近年來，這種制度並沒有受到大的衝擊，與正式的制度體系相比反而有所加強。然而，德國經濟的結構變化已使共同決定制的覆蓋面大大縮小。工會會員數量的減少使共同決定制的重要性受到了削弱。另外，面對困難的經濟狀況，工人代表最終往往不得不做出重大讓步。然而，

儘管所有這些變化削弱了員工及代表在公司治理體系中的權力，但在目前，他們仍然有能力就工資、就業保障及勞動條件等問題與資方協商。而美、英以及法國的工人很大程度上是不具備這種能力的。

員工「參與」意味著公司必須通知員工代表有關的重要決策，並且必須在人事決策方面和他們商量。商量的形式由法律決定，特別是由約定俗成的員工代表在監事會以及工作理事會制度中的地位決定。「員工」是一個包容性很強的術語，延展到包括高級管理層和董事以下的層次。即使是私營企業，也必須和員工商量。這種產業民主制度有助於員工與管理層達成一致，但對一致性的依賴又往往會延緩決策的過程，這一點是德國企業的關鍵特色。

雖然近年來面對經濟全球化下外國資本的湧入以及歐盟一體化進程下經濟、政治、社會福利政策方面各國的趨同等外部壓力，但很少有現實證據證明，德國公司為了適應股東價值導向而取消勞資協同經營制度。20世紀80年代，勞資協同制度似乎還有加強的趨勢。這種加強主要表現在幾個不同的方面：

（1）系統的一致性。關於勞資協同經營制度在公司營運中能為產生現金流和收入做出貢獻的觀點已經被廣泛接受。

（2）效率導向。工作中的民主化仍然是勞資協同經營制度背後的理念基礎。然而，不斷發展的勞資協同經營制度也證明了這種制度不僅是更加經濟民主化的表現，也是在管理層和員工之間建立微觀關係的最有效模式。

（3）聯合管理的規則化。實際上，勞資協同經營制度已經遠遠超出了它本身的法律基礎的意義，它可以促成公司人事或經營制度的合法化。管理層和勞資協同經營制度間的界限已經很難劃清了。

（4）服從多數導向。工會與雇主之間的對抗越來越少，勞資協同經營制度看起來是對自身負責。雙方都傾向於把對方看成是合作夥伴，而

不是不同階層的對立。

第四節 英國公司治理

一、英國公司治理制度的基本特徵

現代股份制公司的一個主要特徵是所有權與經營權的分離。在這種情況下，為了維護投資者及其他重要利益相關者的權益，必須建立一套與其特徵相適應的治理機制，包括建立股東會、董事會等機構並明確它們之間的相互作用和制約關係；建立外部審計和政府監管制度等，以保證公司的正常運行。以下是對英國股份公司治理制度體系基本特徵的分析。

(一) 內部治理的特徵

1. 董事會

董事會是指公司董事的整體組織，是公司股東的代理人，擁有對企業經營進行重大決策和監督的實權，對公司的發展具有舉足輕重的作用。因此，公司治理中的一個很重要的內容就是對董事的任命、權限、職責及考核等問題做出規定。

(1) 董事的任命。根據英國公司法的相關規定，每家公開招股公司必須至少要有兩名董事，而每家非公開招股公司則至少要有一名董事。同時，根據公司法規定，一家公司要登記註冊，除了需向公司註冊登記處提交成立簡章、公司章程等文件外，還須提交一份公司初始董事及秘書名單。所以，任命董事是公司成立中的一件重要工作。根據英國公司法第13條規定，公司申報的董事名單中的人是公司成立時被任命的初始董事。有時，在公司章程中會說明初始董事的名單或規定其任命方

法，如果公司章程未做規定，則由公司成立簡章的簽署者予以指定，但必須在徵得本人同意後才有法律效力。當公司成立後，公司董事則由股東大會根據公司章程的規定選舉決定。所有的初始董事必須在公司成立後的第一次股東大會上退職，然後由股東大會再選舉任命新董事。在第一次股東大會上，初始董事可再被選為公司董事，但初始董事會必須至少有 1/3 的董事要退職，即初始董事中至少有 1/3 的人不能在首次股東大會選舉中連任董事，但可申請在以後的年度股東大會上再次當選。所以，每位董事在每三年中至少有一次要退職輪換，但是總經理和具有行政職務（例如財務經理、銷售經理）的董事不受這種輪流退職制度的限制。在英國的公司法中，沒有規定被任命為董事者必須擁有該公司的股份，但在公司章程中會對此做出規定。當公司章程規定董事必須擁有公司股份時，根據公司法第 291 條規定，董事必須在被任命後的兩個月內或公司章程規定的時間內取得所需的最低限額股份，這種股份被稱為「擔任董事的資格股份」。如果在規定的時間內沒有取得所需股份，被任命的董事必須辭職。

根據英國的公司法，下列幾種人不能被任命為董事：①年齡超過 70 歲的人（公募公司）；②破產者；③任何被取消董事資格的人。另外，未滿 18 歲的人也不允許成為公司董事。在英國，公司董事也是公司的雇員，因此也要簽訂服務合同，並須保存在公司註冊辦公地或其他股東登記冊保存的地方，以便股東查閱。在公司董事的服務合同中，服務期超過 5 年則為無效，除非得到公司股東大會的批准。

（2）董事的權力。有關董事的權力，一般都須在公司章程中做出明確規定。根據公司法規定，公司董事有權按照公司法、公司成立簡章和公司章程的規定，或股東大會特別決議的指令，履行所有處理公司日常事務的權力。公司的重要經營管理決策由董事會決定，但日常的經營管理事務讓全體董事來決定與處理顯然是不可能也無必要的，所以只要公

司章程有規定，就可任命總經理一職來承擔和處理這些日常事務。根據公司法的規定，可由公司的董事會任命1名或1名以上董事為公司的總經理。總經理不受輪流退職制度的限制，但如果他不再是公司董事，也就自然失去了總經理的職位。

（3）董事的職責。董事對公司負有的職責主要有信託責任、技能和關注責任及法律賦予的其他責任三類。

第一類，信託責任。公司作為一個法人，本身並無實物形態，也無法做出決策，它只能通過其代理人來從事公司的一切活動。這些代理人就是公司的董事。公司董事作為公司的代理人，只要其行為沒有超出權力範圍，就不需承擔個人責任，但如果超出了公司成立簡章或公司章程所賦予的權力範圍，他們就須對自己的行為承擔責任。

公司董事作為公司的代理人，承擔的信託責任主要有：①公司董事必須將其權力運用於公司的利益，不能濫用職權；②公司董事的個人利益不能與其作為公司代理人的責任相矛盾，即不能與整個公司的利益相矛盾。

須注意的是，公司董事所承擔的信託責任是對公司整體而言的，而不是對個別股東而言的。由於公司的最高權力機構是股東大會，所以公司股東可在股東大會上通過一般決議來批准董事的各種行為。同時，這種決議不能侵害和欺騙少數股東的利益，否則就不合法。

第二類，技能和關注責任。任何為公司服務的人都需承擔不因過失而傷害他人的責任，公司董事也如此。對於公司董事所承擔的技能和關注責任，英國的習慣法已形成了一些判斷標準。它們可被分為四方面：①一個董事不必表現出比期望應具備的知識和經驗更高的技能；②一個董事不必對公司的事務給予連續的注意；③一個董事可將其責任托付給他所信任的其他職員。④擔任專門職務的董事，例如財務董事、銷售董事、人事董事等都需要具備一定的職業資格。

第三類，其他法定責任。公司法規定，董事個人的利益不得與公司的利益相矛盾，當董事個人利益與公司的利益相矛盾時，董事必須放棄個人利益，而專注於公司利益。

反應董事個人利益與公司利益之間矛盾的一個方面是董事的秘密利益。所謂秘密利益，是指未予以揭示或未予以批准的利益。例如，公司董事接受客戶的賄賂等。所以當公司董事取得利益時，必須首先予以揭示，然後申請批准保留該利益。也就是說，公司董事首先必須在股東大會上向股東揭示自己所取得的利益，然後希望股東大會能通過一般決議批准其保留該利益，只有當股東大會通過決議同意其保留該利益後，才能合法地予以保留，否則，必須上繳公司。但是英國的法律一般都不允許公司董事保留利用其地位而獲得的秘密利益。

（4）董事的利益。董事的利益，包括董事的報酬和董事離職的補貼。下面將分別介紹。

①董事的報酬。在英國的習慣法中，並沒有要求對董事的工作必須支付報酬，所以董事無權要求公司對他們所做工作支付報酬。但實際上，如果董事的工作沒有任何報酬，就很少有人願意擔任董事職務，所以在各公司的公司章程中，一般都有同意支付董事報酬的條款，並允許公司向董事支付他們在履行其職責時所發生的所有差旅費和其他費用。

董事報酬的支付方式一般有兩種。一種是現金支付。在現金支付方式下，可以用董事補貼的方式支付；當董事擔任具體的部門行政職務時，也可以用工資方式支付。實際上，擔任行政職務的董事具有雙重身分，他們既是公司的董事，又是公司的雇員，所以其報酬可分開計算。第二種報酬的支付方式是津貼，如使用公司的車輛、人身保險、退休保險以及報銷私人電話費用等。

按照英國的公司法規定，在公司財務報表的註釋中，必須揭示支付給公司董事的報酬（包括工資、補貼等）的總額，如果董事長的報酬年

薪超過 60,000 英鎊，則必須在該註釋中單獨予以揭示，同時必須揭示報酬最高的董事姓名。應注意的是，這裡的報酬既包括現金報酬，也包括估計的非現金的津貼、福利等的貨幣價值。

②董事離職的補貼。董事離職的原因有好幾種，或根據公司章程的規定輪流退職、辭職，或因不端行為而被免職，或被取消資格等。當董事被停止職務時，通常會提出一些補償要求，包括違約損失補償和離職補貼。

違約損失補償是指與董事的服務合同相關的補償。當董事被迫提前離職時，作為合同受損方提出損失補償。這種損失的補償是根據離職通知期限的長短來決定的，例如董事如被免職，須提前 3 個月予以通知。所以如果馬上要求該董事離職，必須補償其 3 個月的損失。

離職補貼是一種非合約補償。根據公司法第 312 條規定，如果給董事的離職補貼未向公司股東通報及未經股東大會批准，屬不合法行為，所以必須經股東大會通過普通決議予以批准。任何支付給董事的補償必須在公司財務報表的註釋中予以揭示。

2. 股東大會

股東大會是股份公司的最高權力機構。雖然公司的日常經營管理都由董事會負責，但重大決策必須經股東大會批准。這不僅是對董事工作的一種控制和監督，也是廣大股東充分行使所有者權力的最重要的制度和場合。

（1）股東大會的方式。公司股東大會主要有兩種：一種是年度股東大會，這是法律規定必須每年召開的；另一種是特別股東大會，這是年度股東大會以外因某種需要而召開的。

（2）股東大會的決議。在股東大會上通過的決議有一般決議、特別決議和特殊決議形式。

①一般決議。一般決議是由出席股東大會的股東親自表決或由其代

理人投票表決，並且半數以上同意通過的決議。雖然公司法裡並沒有對一般決議下定義，但人們普遍理解為是由簡單多數通過的決議。在股東大會上，除了公司法或公司章程有特殊要求的，大部分通過的決議都是一般決議。

②特別決議和特殊決議。特別決議和特殊決議是由 3/4 以上出席股東大會的股東親自投票或由其代理人投票通過的決議。這兩種決議的區別是：特別決議應有不少於 14 天的股東會議通知時間，而特殊決議要有 21 天以上的會議通知時間。根據公司法第 380 條規定，所有通過的特別決議和特殊決議都必須在通過後的 15 天內送公司註冊機構存檔，不照此辦理，對於公司及相關的公司高級職員來說是一種刑事犯罪。

（3）股東利益的補償。當股東特別是小股東對公司經營情況不滿時，可要求取得補償。取得補償的方式主要有兩種：①按法庭允許的方式提出申訴；②按照公司法的規定向法庭提起訴訟。但是，對提出補償要求的股東來說，他們必須首先瞭解要求補償的權力和方式。這是因為，按照英國的習慣法規定，當某人的錯誤行為導致公司損失時，要求予以補償的恰當的起訴人是公司本身，而不是各股東。這可從公司基本性質的特徵中看出。公司一經建立，它就是一個獨立法人，可對外簽訂合同，可擁有資產，可提起訴訟和被訴訟。同時，在公司內還有一條「多數裁定原則」，即少數服從多數原則。也就是說，經表決多數股東同意並做出了某項決議後，少數股東不能予以推翻。根據這條原則，當公司董事掌握了多數股份，且公司擁有許多小股東時，如董事的行為有損公司利益時，小股東的利益也可能受到損害。這時，有權提起訴訟的是公司本身，而不是各股東。這是英國著名的案例「福斯訴哈伯持爾」所確立的原則。但也有若干例外情況，它們包括：①當多數股東所犯的錯誤是對少數股東的一種詐欺時；②當董事的過失導致董事個人受益時；③當公司運用不適當的方式處理某些事務時，例如須由特別決議決定的

事項卻由一般決議處理；④當董事或公司的做法是非法或越權時等。

在上述情況中，少數股東可對侵害其利益的人（通常是董事）提起訴訟。這時，公司也可能被作為共同被告而被起訴。

（二）外部治理的特徵

1. 資本市場：來自機構投資者的壓力

英國的股權結構極度分散，各種要素市場發達，保護投資者的法律制度完善。因而一般認為，英國主要是依靠「要素市場」來約束監督管理層，它的公司治理模式與美國一起被歸納為典型的「市場導向型」，以區別於德國、日本的「銀行主導型」模式。然而，在過去的三四十年，機構投資者持有越來越多的股票，並取代了個人股東成為英國資本市場的主力軍，英國證券市場也從極度分散的個人持股時代走向相對集中的機構持股時代。這種轉變為機構投資者參與公司治理提供了可能。

傳統意義上，英國機構投資者一般包括年金基金保險公司、單位信託和投資信託。然而，在實務中，所說的機構投資者也包括機構資產的實際掌管人——基金管理者。從 20 世紀 60 年代以來，英國機構投資者發展迅速並最終成為資本市場的主力軍。

機構持股比例迅速上升的原因主要有兩點：①大量的個人投資者放棄直接持有股票的投資習慣而選擇機構投資者代其理財，享受「職業化」「風險分散化」帶來的收益，實現直接持股向間接持股轉化；②戰後英國年金基金業，尤其是職業養老和保險業蓬勃發展，為年金基金和保險基金的迅速發展提供了契機。

隨著機構投資者的逐步壯大，同行業的機構投資者一般聯合起來形成自己的行業性組織，與上述機構投資者相對應的行業性組織有全國年金基金協會、英國保險公司協會、投資管理協會、信託投資公司協會，以及 1947 年成立的由這四個行業協會共同組成的機構股東委員會。其中機構股東委員會是英國年金基金的行業性組織，如今它所代表的年金

基金負責近6,000億英鎊的養老資金，控製了約75%的職業年金基金，持有20%的倫敦證券市場份額，覆蓋了1,000萬雇員。英國保險人協會（Association of British Insurers，簡稱ABI）於1985年由當時的英國保險協會、人身險協會、火災險委員會和意外險協會合併而成。英國保險業在歐洲排名第一，世界排名第三。截至2004年2月底，英國保險業的行業性組織大約代表4,430家保險公司，其成員囊括95%的保險業務，持有約20%的倫敦證券市場份額。截至2002年年底，其成員管理近10,160億英鎊的保險資產，其中大概60%投資於股票市場。IMA（Isle of Man Assurance Limited，是歷史悠久的金融服務機構之一）是由單位信託投資基金協會和基金管理者協會於2002年合併而成的。單位基金管理者協會，成立於1959年，1976年改為單位信託協會，1993年改為機構基金管理者協會，它的成員主要是基金管理公司，包括投資銀行、保險公司和養老保險基金設立的子公司。單位基金和基金管理者的行業性組織，其成員相當廣泛，包括獨立的基金管理者、銀行設立的專門投資部門、人身保險公司、投資銀行、職業養老保險的外部基金管理者等。目前，其管理著大約20,000億英鎊的資產。其前身是投資信託協會。目前，它代表300多家投資信託公司，其成員管理著313億英鎊的資產，約占整個行業的73%。

20世紀70年代，為促進機構投資者積極參與公司治理，保守黨的爵士和英格蘭銀行行長提議設立一個機構投資者聯合的專門機構，是當時英國最有影響的行業性組織，它代表了絕大多數的英國機構投資者。其宗旨是加強機構投資者聯合，促進機構投資者積極參與公司治理，以維護機構投資者的利益。應該指出的是，各成員之間沒有就如何協調好它們的關係做出具體聲明。理論上講，它們各自制定頒布的相關公司治理規則可能存在重複或矛盾，但從實踐上來看，至今還沒有出現這個問題。

隨著持股數量的遞增，機構投資者開始積極地參與所投資組合公司的治理事務。這種參與可以大概地分為一般性參與和具體性參與兩種形式。一般性參與涉及較少，而且機構投資者之間又可以聯合起來共同推廣，從而分攤和降低了成本；具體性參與則不具有普遍性，很難會有眾多機構投資者一起參與並在他們之間分攤成本。但是，一般政策性的公司治理問題最終總是要落實到某一具體公司頭上，才有現實意義。

2. 政府部門對公司的監控

在英國，政府對公司的監督是很嚴格和重要的，政府的監督主要有三方面：①調查公司的業務；②調查公司的所有權狀況；③調查公司內部人員的交易。

第五節　法國公司治理

一、法國公司治理制度的基本特徵

法國的市場經濟體制被稱為國家主導型市場經濟模式。與美國、日本、德國、瑞典等國家不同，國有企業在法國國民經濟中居於十分重要的地位，是非常重要的企業組織形式。因此，在分析法國的公司治理特徵時，有必要把大型國有企業集團公司的特徵與眾多中小型家族企業的特徵區分開來。在公司治理的比較研究中，法國和德國一般被認為是歐洲大陸公司治理模式的代表。近年來，這兩個國家的公司治理制度均經歷了重大的轉變，其中法國的變化要早於德國，而且變化明顯。在法國，原先的某些對企業資源配置具有重要影響的制度衰落了，而一些新的影響因素得以制度化。例如，股票市場在法國公司經濟中的重要性得到了顯著的提升。另外，對一家新開張的法國企業來說，可以有兩種董

事會治理方式，要麼選擇單層式董事會結構（像英美模式），要麼選擇雙層結構（像德國模式）。絕大多數法國公司選擇單層式公司治理制度。

(一) 內部治理的特徵

法國公司治理制度的重要特徵是缺乏分散化的投資群體。中小型股東在公司治理中的作用極其有限。相反，國家、銀行、家族或公司管理層在很大程度上掌握著企業的控製權。這一點在國有企業和私營企業中都有顯著體現。例如，法國前50家實業、商業和服務公司中，12家為國家控製，17家為管理者控製，14家為家族控製和管理，3家為家族控製但具有家族外的職業管理層，4家是集團企業下的子公司。

法國政府在經濟中的強大作用，可能是影響法國公司治理的主要因素。雖然政府越來越傾向於放鬆對企業的直接掌控，但還是在為了政策目的而積極推動國有企業中的兼併和重建，將核心產業牢固地控製在政府手中。政府在汽車、鋼鐵、保險和金融業持有相當的股份，在公共事業，如鐵路、煤、菸草、無線電和電視等，具有明顯的壟斷傾向。

1. 作為股東代表的政府與企業的關係

(1) 國家與國有企業之間關係的基本原則。法國是以私有製為主體的市場經濟國家，同時，信奉國家在經濟事務中起重要作用的國家主義。在政府與國有企業的關係上也體現了這一點。法國在競爭領域的國有企業中，雖然像私人企業一樣按市場規則經營，參加競爭，但政府在資產管理、主要人事任命和企業重大決策上有很大權力。政府通過干預國有企業，有效地實現國家發展、社會公平和結構調整的目標。國有企業成為政府運用計劃手段調控經濟的重要基礎。國家參股是法國國家干預經濟的一種方式，它使政府掌握了干預經濟的力量和手段，但它並不是指政府運用行政手段和國家機器來干預企業的日常經營活動。在企業內部，政府只是以投資者的身分出現，與私人投資者一樣，按照商業原則平等、自由地聯合。政府在參股企業中較其參股的多少享有相應的權

利和義務。雖然有時出於某種需要，政府也憑藉政治權力而強制性參股，但這並不能改變按資本份額大小分配股權的基本原則。

總之，法國處理國家與國有企業之間關係的基本原則：既要保證國家對企業的所有權和領導權，又要保證企業擁有經營自主權，讓多數國有企業能夠像私人企業那樣，按照一般經濟法則和市場規律運作。

（2）國有企業股份制的特點。股份公司是法國國有企業的主要組織形式。國有股份公司的基本特點與私人股份制企業並無本質上的不同，但是其國有性質又使這些國有企業帶有不同於私人股份制企業的某些特點。這些特點主要體現在以下方面：一是國家股東對企業有控製性影響；二是混合股份所有制占據著重要地位；三是持股方式發生變化；四是股份經濟國際化加深。這一方面是指法國股份制企業國際化經營程度不斷提高，其海外營業額所占比重逐步提高；另一方面是指法國國有企業與外國資本相結合的情況也不斷增多。

2. 國有企業董事會的特徵

（1）董事會的職能及構成。法國國有企業的董事會是企業的最高決策機構，對股東負責。由於國有企業最大的股東是國家，而政府又是人格化的國家產權代表者，所以董事會最主要的責任是對政府負責。概括地講，董事會要遵守國家的法律法規，執行國家的經濟政策和產業政策，保證國有資產的保值增值。具體地講，就是制訂企業的中長期發展規劃，同政府討論並簽署《目標合同》，決定企業的重要人事任免、經營方針、投資計劃等一切重大決策，審議和批准企業年終財務報表和利潤分配方案等。

法國國有企業的領導體制為董事會制，即董事會下的經理負責制。董事會是決策機構，負責決定企業的發展戰略、經營方針和紅利分配，任命董事長和總經理。

（2）成員來源。董事會中國家的代表是資產為國家所有的表現，政

府按照其所控股份的大小任命它的官員。職工代表由職工們通過無記名投票選出，其資格除了在母公司或子公司先後工作5年之外，至少還需再工作2年，並需一到兩個工會提供擔保，或者至少是職工委託人和聯合生產委員會或10%的同類機構成員提供擔保。如果不事先通知職工董事所在的董事會，並且未得到就業視察團的允許，企業不能夠解雇這些職工董事。對職工董事不付報酬，但給予一些時間優惠，大約在每月15小時和法定工作時數的1/2之間。企業經濟環境的代表，選擇的依據是技術能力、對區域或地區各種經濟問題的瞭解程度、對受到企業影響的各種公私經濟活動的知識水平以及能否作為消費者或用戶的代表。他們一般要與各相關機構進行協商後才任命。

法國政府通過各種途徑保證企業領導人的才能和素質，並逐漸減少來自政府部門的企業領導人的比例。法國法律規定了政企分開的原則，政府的部長或議員不得參加董事會，政府官員一旦被任命為國有企業的董事長或總經理，就不再擔任政府職務。

（3）董事長。法國國有企業的董事長由政府選派，一般採取直接任命和間接任命兩種方式。對於國家全資企業以及國家控股90%以上的企業，其董事長由政府直接任命，任用程序：主管部長提名，內閣會議討論通過，共和國總統簽署任命書，以法令形式對外公布。對於政府不能直接任命，而是由董事會選舉產生董事長的國有控股公司，由於國有股占50%以上，因而政府仍可以左右董事長的選舉，即由國家提名並確定的間接任命方式。由於法國國有企業的董事長是由政府任命的，因而董事長要對政府負責，並執行政府的指令。董事長在做出重大決策時，一般都要同政府有關部門磋商，如果董事長與政府發生嚴重分歧，拒絕執行政府的意見，董事長可以申請辭職，政府也可以撤換董事長。至於分公司和子公司的董事會人選，政府不干預，而由總公司或母公司決定。

董事會日常會議由董事長召集，討論諸如經營方針、發展戰略、財

務收支計劃、市場行銷、新技術研究與開發、與國家簽訂的計劃合同等。在法國，董事會很少對某項議題進行投票表決，而是把最終決定權交給董事長，投票被視為是對董事長的侮辱與不信任。

（4）董事會評價。法國對國有和國有控股企業董事會的考核主要採用簽訂經營目標合同的方式進行，通過合同來確定企業經營目標。目標合同每年簽訂一次，不僅有年度目標，而且還有長遠目標；不僅有經營目標，而且還有公共服務目標，具體指標根據不同的企業、不同的要求來選擇。目標合同完成得好壞，直接同企業董事會成員的薪酬和任免掛鈎。

法國國家參股局還建立了月度報表報送制度，企業必須每月向國家參股局提交經濟運行報表，其內容包括主要財務指標、主要經濟營運指標、重大經營活動以及重大對外投資等。同時，建立了企業主要領導定期或至少每年一次與國家參股局會晤制度，介紹企業整體發展狀況、市場前景及企業發展戰略等，要求企業指定專門部門與國家參股局建立經常性的接觸。法國參股局還要參與國有企業年度財務預算的論證，並對年度財務決算進行審批。法國政府還建立了國家審計院，對國有企業財務會計事項進行審查。

3. 經營層

（1）經營層來源。法國國有企業的領導辦公室一般由總經理、副總經理及各主要職能部門和生產部門的一把手組成，通常每半月召開一次會議。領導辦公室對董事會負責，主要負責公司的日常經營管理，決定公司一些重要的業務（如簽訂重要合同、決定重要投資、向銀行貸款等），向董事會推薦重要幹部人選，協調和管理各業務部門。在法國的許多國有企業中，董事長也同時兼任總經理。

以前，法國國有企業中的高級管理人員來自政府行政部門的比例很高，大部分重要職位都根據內閣的政令來選任。董事長和總經理既可以

是同一人，也可以是分離的。例如，法國電力公司董事長兼任總經理，使決策和執行合一。據統計，在被調查的 327 名大型國有企業的主要領導成員中，有 119 名是從政府部門中來的。這個比例比其他西方資本主義國家都要高。

然而，法國政府還是通過各種途徑保證企業領導人的才能和素質，並逐漸減少來自政府部門的企業領導人的比例。法國法律規定了政企分開的原則，政府的部長或議員不得參加董事會，政府官員一旦被任命為國有企業的董事長或總經理，就不再擔任政府職務。儘管在某些人員的任命中，政黨的政治性因素起了作用，但是政黨仍然要考慮到其管理能力。例如，1982 年國有化過程中，曾激烈反對國有化的佛卡德也稱讚說政府是根據能力而不是黨派來選擇新國有企業領導人的。在聖戈班·穆鬆公司和勒納·普朗克公司的國有化過程中，原任職人員被保留下來，許多其他公司中，也保留了大部分董事長以外的經理人員。政府選拔董事長或總經理必須根據資歷篩選來自企業界或與企業界關係密切的單位。這些人許多都有畢業於法國高等行政學院或巴黎高等理工學院的背景。

（2）管理風格。在法國國有企業中，經理人員形成了技術專家統治的特別現象，主要受兩個來源的影響：第一是高級行政機構，這是專家統治吸收其成員的源地；第二是私營企業部門，專家統治在很大程度上是從這些部門汲取的思想方式。這個新企業家階層表明，具有可比較等級的公務員制和法國的等級觀念是一致的，不過這個階層對於活力和效率具有強烈的信念。法國大企業的精英主義性質，可以從董事會成員多數身兼其他公司董事會成員的情形表現出來。如康潘企業董事長沃尼斯同時是其他 26 家企業的董事。

（3）報酬體系。法國國有企業的經營者薪酬由基本薪金和績效年薪組成，薪酬水平要比公務員高很多，但比私營企業要低 30% 左右。總公司董事長和總經理的工資由政府主管部門決定。實際上，法國國有企業

提高經營層積極性的途徑主要是晉級提升。經理人員的工資獎金在其總收入中只占次要的一部分，其收入主要來源是股票紅利，而且他們考慮問題的重點往往不是薪金收入，而是社會地位的升遷。企業經營狀況不僅與股票紅利多少相關，而且與個人升遷前途的關係極大。

（二）外部治理的特徵

1. 政府對國有企業的監管

長期以來，法國政府一直沒有一個統一的國有企業和國有資產管理機構，是分別由不同的政府部門負責。2003年年底，法國成立了國家參與管理局，其職能相當於國資局。國資局由70名社會聘任的各行業專家組成，力求通過服務達到對國有企業的有效監督。法國政府對國有企業的監管主要集中在人事任免、決定企業經營方向和財務管理等方面。經濟財政部是國有企業財務方面的主管部門，決定企業獲得的財政撥款數量和國家的參股範圍，其他相應政府部門負責企業的經營管理。法國處理國家和國有企業之間關係的基本原則是：既要保證國家對企業的所有權和領導權，又要保證企業擁有一定的經營權，使大多數國有企業能夠按照一般經濟法則和市場規律營運。

法國政府主要從四個方面對國有企業進行管理：

（1）制定詳細、明確的法律法規，規範國家與企業之間的關係，以及企業內部的領導體制及其財務、稅收、雇工、工資和計劃合同等，使政府對國有企業的管理做到法律化、制度化，從而保證國有企業生產經營活動能夠在法律允許的範圍內正常進行。

（2）採用「合同制」的形式對國有企業進行管理。合同主要內容包括企業發展規劃、企業參與實現國家總體利益的目標、合同的實施程序等。合同由企業董事長、總經理和主管部長共同簽署。合同並不具有法律效力，但如果企業未完成合同規定的目標，政府可以撤換企業領導人。通過合同明確國家與企業的權責關係。合同制將國家監督和企業自

主經營融為一體，使企業獲得「有監督的自由」。

（3）對國有企業實行分類管理。法國政府根據企業是否具有競爭性、行業是否存在規模效益，以及是否需要大量基礎設施投資三個標準，把國有企業分為壟斷性國有企業和競爭性國有企業兩種，並採取不同的管理方式。法國的壟斷性國有企業主要集中在能源、交通、郵電通信等基礎產業和基礎設施部門。政府對這些企業的控製程度較高，管理較嚴格，因此企業的自主權相對較少。競爭性國有企業所處的行業主要是加工工業、建築業、商業和服務業。對競爭性國有企業，政府的管理僅限於任命企業的主要領導人和對資產進行監督，企業擁有較大的經營自主權。

（4）法國政府還建立了對國有企業的監督、檢查機制。法國政府對國有企業的監督主要分為財務監督和技術監督。財務監督主要從財務角度審議和批准國有企業的長期發展規劃和限額以上的投資計劃，對企業財務報表進行審計，對即將上市或轉讓的國有企業進行資產評估、制定出最低限價。財務監督的目的是保證國有資產的保值、增值，防止國有企業在兼併、轉讓和上市過程中發生國有資產流失，防止國有企業負責人濫用職權、損公肥私和大手大腳亂地花錢。技術監督則主要是監督企業是否執行國家制定的產業政策、產業導向和指導性計劃，是否遵守國家制定的有關技術規範、質量標準、安全標準及環保標準等，並從技術角度審議和批准國有企業的長期發展規劃和限額以上的投資計劃。法國政府對國有企業的檢查，大體可以分為內部檢查和外部檢查兩種。內部檢查主要由政府選派的國家產權代表、經濟財政部派出的審計員、國家檢察官、業務主管部派駐的代表等承接；外部檢查則由審計局、預算財政紀律檢查署、各行業的監事會、公共事業高級顧問團、經濟財政部稽查司和議會特別委員會等部門負責。內部檢查是主動的、事前的檢查；外部檢查則是被動的、事後的檢查。

2. 員工持股

所謂員工持股，就是企業職工擁有本企業一定的股份，在企業中有雇員和股東的雙重身分，既能分享企業的利潤，也要參與經營管理，承擔企業風險。員工持股具有典型的合作經濟性質。在法國國有企業中，除了實行員工股份制以外，還有一些類似的形式，如集體儲蓄、公共資金等，都是為了密切勞資雙方關係，在共同集資中使雙方共同獲得利益，有人將它稱為「資本主義集體所有制」。

法國國有企業外部治理的一個重要特徵是員工持股和參與管理。「民主參與」「參與管理」是戰後法國，也可說是西歐等其他資本主義國家比較流行的社會概念和社會現實。「員工持股」和「參與管理」是法國國有企業公司治理與經營管理制度的重要組成部分，它既反應在國家對企業的宏觀管理上，也反應在企業內部決策上。它對理解法國國有企業的治理與經營制度有著重要意義。

（1）員工持股的發展。員工持股是西方發達資本主義國家普遍存在的現象，其誕生與一定階段的生產力水平、生產關係特徵相聯繫，是資本主義條件下社會化大生產發展到一定階段的產物。例如，美國員工所有制的實踐可以追溯到 18 世紀末。當時，美國員工所有制之父阿伯特·格來爾主張民主不應該僅限制在政治領域，而應該擴展到經濟領域。到 20 世紀 20 年代，美國掀起了員工所有制運動，稱之為「新資本主義」。公司鼓勵職工用自己的積蓄或獎金購買公司股票，一方面，為公司提供新的資本來源；另一方面，激勵職工努力、勤奮工作。到 1930 年，美國約有 2.5% 的雇員購買了 10 億美元的公司投票。但是，真正意義上的雇員股份所有制計劃是路易斯·凱桑於 1957 年在加利弗尼亞創立的。

談到員工持股的發展，就不能不提到美國創始人凱桑的「二元經濟學」理論。他分析了美國經濟發展和財富分配狀況，發現 10% 的人擁有

90%的公司股票，51%的人擁有58.4%的股票，0.5%的人擁有45.6%的股票。資本主義制度雖然能夠創造出經濟效率的奇跡，但不能創造出經濟公平，反而導致富人越富、窮人越窮，財富過於集中在少數人手中。為解決這一問題，他認為需要建立起使資本主義所有權分散化的新機制，以使所有人都既可以分享從勞動中獲得的收入，又可以分享從資本中獲得的收入。勞動者的勞動收入和資本收入應該結合在一起，並且能在不剝奪和不侵犯原財產所有者利益的前提下，實現財富的重新分配，減少管理與勞動的衝突，最終進入「工人資本主義」。雖然凱桑等人試圖解決資本主義弊端的想法過於理想化，但確實能激發勞動者的積極性，而且可以解決某些問題。

法國員工股份制的思想具有很悠久的歷史。早在19世紀下半葉，法國的經濟學家聖西門和傅立葉等就提出員工股份制的理論，也有個別企業進行過嘗試。但法國真正通過立法確立員工股份制並依法付諸實施卻是20世紀70年代的事。1970—1990年，法國政府多次頒布有關法規，對員工股份制不斷加以修改和完善。現在，法國有許多企業都實行了員工股份制。

（2）員工持股制的形式。員工持股制的具體形式多種多樣，譬如按照員工擁有股份方式的不同，可以分為三種類型。一是合夥制，即一部分股份歸公司創辦人享有，另一部分歸公司的員工們享有，公司創辦人的股份，有的全部上市，有的則屬於公司所在的社區。二是合作制，即股份歸全體員工均等享有，相互間股份相等，待遇相同，權利相等，也存在少數員工因工作的特別貢獻，享有略高於他人的股份或待遇。在這裡，「平等和民主自治」是企業的主要特點。三是信託制，公司的股份通過信託基金的方式逐漸轉移為員工的股份，採用這種方式的公司一般規模較大，把定額股票存入信託基金，作為銀行貸款的擔保。因為信託基金通常都是遞延付給員工的報酬，所以債務清償後，信託基金中的股

份按工資比例分配給員工。對於法國國有企業而言，一般都由國家掌握大部分股份，所以員工持股制實際上是在「民營化」或「非國有化」的過程中出現的，作為分散股權、籌集資金、改善經營機制的一種途徑。

(3) 員工持股制的具體規定。法國政府於1973年頒布了一項法令，對企業以優惠條件鼓勵職工在股市購買本企業的股票或認購本企業股份以增加企業資本的做法做了規定。該法於1974年、1985年得到補充和完善。其中，1973年年底頒布的法律對企業實施員工股份制做了具體規定，但這一法律主要適用於已上市的企業。1985年的法律則將員工股份制的做法擴大到未上市的企業。此類未上市的企業只提供股份認購額，而不出售股票。法律還規定：企業只能向所屬職工、所屬子公司職工和本企業持有50%以上股份的公司職工出售股份。

實行員工股份制的具體做法是，先由股東特別代表大會在聽取企業行政委員會和審計部門的報告後，確定新增資本數額和股票認購的價格，代表大會的成員沒有新發行股票的優先認購權。按照法律規定，代表大會確定下來的數額，即5個財政年度出售股票的總數，不得超過企業資本的20%。關於股票認購的價格確定，有嚴格規定，如果是已上市公司，定價要以代表大會召開前20天的股市平均價格為基數，不能低於平均價的10%，而對於未上市的企業，規定要對證券價格進行嚴格、公正的評估。認購股票的時間也由股東代表大會確定，一般1~3個月。

法律對個人認購和集體認購做了不同規定。如果個人認購，則個人的工齡必須在5個月以上，但是不能超過從開始認購計算起的3年。認購費用的來源比較靈活，在認購時不必立即全數交納所需的錢，而是在3年內付清即可。職工也可以從自己每月工資中扣除一定的金額，作為分期支付的認購費。如果是集體認購，每個人也單獨設有一個帳戶，用來記錄從其工資中扣除認購費用等情況。這些帳目可以由銀行、儲蓄所

等金融機構來負責管理。

　　由於員工持股有利於解決國有企業負債率高、資金短缺的窘境，減輕政府財政的負擔，所以政府非常鼓勵在國有企業中實行員工股份制，給實行員工股份制的企業以減免稅收的優惠。企業用於讓職工認購股票的資金可免於徵稅，職工個人可減少部分個人所得稅並免去出讓有價證券的增值稅。這樣就調動了企業和職工兩方面的積極性，促進了員工持股制在國有企業中的迅速發展。

　　當然，在「民營化」過程中，政府意圖不是完全想把國有企業純粹私有化，它還是想保持對國有企業的控製，保持國有企業的穩定性、連續性，所以對員工持股的金額、能否轉讓等都做了嚴格規定。職工認購的金額，每人不得超過本人一年所交社會保險費用的 50%；購買股票必須記名；從購買之日起 5 年內不能轉讓，除非有結婚、解雇、退休、離職以及殘疾或死亡等情況發生。職工股份占總資本的比例較低，認購之後不能隨意轉讓，這是法國國有企業員工股份制的典型特點。

　　企業不僅可以向其職工建議購買本企業的股份，而且可以建議職工購買集團企業的股票。購買條件同上，但這些企業必須設在法國或歐共體成員國內，如果總公司不在歐共體成員國內，子公司的職工就不能享受企業職工入股。

　　職工認購或購股後，就能參與企業的管理，擁有跟其他股東一樣的權利（參加股東大會、瞭解公司內部資料和擁有進入行政部門的被選資格）。如果股份是由「共同投資基金」認購或購買的話，這些股份的權利由基金掌管人代表，但選舉權則由基金監督委員會指定候選人。此外，在保留勞動合同和繼續領取報酬的同時，職工可以行使監督委員會成員的職權。

第六節　韓國公司治理

一、韓國公司治理的基本特徵

在家族治理模式中，企業所有權和經營權沒有實現分離。企業的所有權主要是由以血緣、親緣和姻緣為紐帶的家族成員所掌握，同時企業的經營管理權也由家族成員所把持。通過實行政府主導型的經濟發展戰略，韓國從20世紀60年代初期開始發展，短短30年就發展成為新興的工業化國家，被譽為亞洲的「四小龍」之一。在經濟高速發展的過程中，韓國政府和財團形成了密不可分的關係。自20世紀60年代初韓國推行五年計劃自主開發經濟以來，幾乎每一個五年計劃都造就了一批財團，並壯大了已有的財團。這是因為韓國的支柱產業都是在政府有計劃的引導下開發形成的，在支柱產業開發形成的過程中，許多企業在政府的政策及金融支持下迅速地向若干產業擴張，逐步建立起以家族關係為核心的企業集團，形成巨型財團，並在國民經濟中占據主導地位。這些財團是現代企業組織形式和傳統觀念的混合產物，其所有權和經營權不分離或不完全分離，在組織和管理上體現出家族治理模式的特徵。

韓國的財閥是通過直接及間接交叉持股所組成的企業集團。從1983年韓國30家大財團的股權結構來看，財團家族自身的持股比例為17.2%，財團企業內部相互持股比例為40%，外部個人和機構相互持股比例為42.8%。由於發起人及其家族一般擁有集團前30家成員公司約10%的股份，再加上通過交叉持股所控製的30%~40%的股份，基本上掌握了公司的控製權。一項調查顯示，在1996年，如果以持股30%為分界線，76%的公司為公眾持股公司，20%的公司為家族控股公司；如

果以持股10%為分界線，公眾持股公司僅占14%，家族控股公司所占比例上升到68%。

　　韓國公司的治理結構在形式上與其他市場經濟國家並沒有太大的區別，即由股東會選舉董事會，董事會聘任總經理。但由於家族資本的巨大影響力，使得不僅中小企業而且許多大財閥也為家族所控製。家族一般通過直接控製的方式來控製中小企業或財團，而對於大型財團的控製則是採取間接的形式，即通過控製核心公司，再由核心公司持有下屬公司的股份，從而實現間接控製。因而從總體上看，家族群體及其控製的高級經理全面主導韓國企業的發展，體現了高度家族集權模式的特點。

　　在韓國，社會公眾雖然持有一定份額的公司股份，但由於股權分散，公眾股份對公司的控製起不到決定性作用。機構投資者如保險公司、銀行、證券公司以及信託投資基金等，雖然持有較大份額的公司股份，但由於機構投資者本身是由韓國的企業集團所控股，因而削弱了它們作為大股東的權力，決定了其在公司治理中的作用是被動的，難以形成對公司管理層的有力監督和制約。為了保護中小股東的權益，韓國政府出抬了一些措施。如規定一家公司要在韓國證券交易所排第一級，家族持股不得超過51%，而全部小股東（以1%為限）至少應持有公司股份的40%以上。

　　韓國家族治理模式的形成原因與儒家文化的影響有著密切的關係。長期以來，儒家文化滲透到韓國民眾的思想意識深處，儒家文化的道德倫理規範一直是韓國人所倡導和遵循的行為準則。儒家文化所包含的許多重要思想被引入到企業當中。如：重視教育，注重對學問的研究；重視家庭，強調家長的絕對權威，在家庭和家族內部體現老幼尊卑的倫理等級觀念；重視血緣、親緣和姻緣等裙帶關係，強調家庭或家族權力及財產的延續應建立在血緣、親緣及姻緣等關係之上；提倡仁者愛人，尤其是對親者的愛應放在優先的地位；注重和諧，提倡「和為貴」「和氣

生財」。在儒家文化的影響下，家族特性在韓國企業文化中得到了較多地反應。例如，韓國企業普遍重視教育和培訓；重視血緣、親緣、姻緣乃至地緣、學緣等裙帶關係；有鮮明的等級觀念，強調上級的家長式權威；重視個人品質，提倡以忠於企業為榮等。

　　家族治理模式作為有代表性的一種公司治理模式，在許多方面有其典型的特徵。主要包括：①公司所有權掌握在家族成員手中。雖然家族並不一定擁有公司的全部股份，但所持有的股份足以維持其控股地位。②公司主要的經營管理權也由家族成員所控製。例如，20世紀80年代在韓國現代集團中，創始人鄭周永的一個胞弟、七個兒子、兩個妹夫、長子的內弟和五弟的岳父分別在集團下屬企業中擔任會長和經理等職務。1984年，在韓進集團中，除創始人趙重勛任集團會長外，集團的重要職務均由其家屬和親屬擔任，胞弟任韓逸開發公司經理，內弟任韓進股份公司經理，長子任大韓航空公司專務，次子任韓選開發公司專務，三子任大韓航空公司駐美本部長。③經營者的自我約束能力較強。經營者管理企業不僅是為了謀取個人報酬，更主要的是為了光宗耀祖，讓家族資產保值、增值，將家族事業發揚光大。因此，與一般非家族企業相比，家族企業經營者的個人道德風險較小，利己主義傾向較低，甚至無須用規範的制度對經營者進行規範和制約。④實行家長式企業決策。企業的各項重大決策、重大投資、開拓新業務、重要人事變動等均要得到家長的首肯，即使家長已經退居企業經營的二線，也須徵詢家長意見或得到其同意。⑤實行家庭式員工管理。家族企業把儒家文化的「和諧」「仁者愛人」等思想融入對員工的管理之中，通過在企業內部建立和培育家庭式的氛圍，讓員工感受到家庭式的溫馨，由此產生對企業的忠誠感和歸屬感。例如，韓國企業普遍為員工提供各類福利設施，包括宿舍、食堂、醫院、浴池、托兒所、班車以及員工進修條件等；在員工表現不佳時，往往通過與員工談話等方式來分析和解決問題。這種家庭式

的管理方式對於增強員工的凝聚力，提高員工對企業的忠誠度，減少和削弱員工與企業間的矛盾，具有積極的作用。⑥銀行對家族企業的外部監督減弱。這是因為韓國家族財團對銀行業的涉足是比較深的，銀行多數為家族財團所控制，因而必須服從於家族整體利益，為家庭的系列企業提供最大的支持。在此背景下，銀行對企業的約束基本是軟約束。

二、韓國家族治理模式的有效性與缺陷

從總體上來看，家族治理模式在韓國和東南亞國家取得了很大的成功，對這些國家的企業以及經濟的發展起到了重要的作用。以韓國為例，1961—1997年，韓國經濟年均增長率保持了8%～10%的速度，國內生產總值從20多億美元上升到4,000多億美元。家族企業所取得的成功在一定程度上證明了家族治理模式的有效性。這種有效性主要體現在以下三個方面：

（1）增強了企業的凝聚力。家族成員將企業財產看作自己的家產，將企業事務看作自己的家務，因而將家族倫理道德觀念和情感帶進了企業內部，為了家族事業通力合作、團結一致。

（2）提高了企業的穩定程度。在家族倫理道德觀念和親情的制約下，家族企業能夠像家庭和家族一樣保持較高的穩定性。

（3）加快了企業決策速度。在具有絕對權威的家長協調和主導下，企業決策速度必然加快，再加上家族成員之間的利益矛盾較小，從而減少了決策過程中的扯皮與摩擦。

但凡事一分為二，家族治理模式也有其固有的缺陷。主要表現為：

（1）家族企業經營者的經營水平得不到保證。隨著企業規模的擴大、業務複雜程度的提高以及國際化經營的發展，家族內部成員往往難以適應現代企經營管理的要求。

（2）伴隨著企業領導權由第一代逐步向第二代、第三代轉移，企業

分裂、解散的可能性增大。這是因為第一代企業領導人是企業的創辦者，在長期的創業過程中自然地形成了絕對的家長權威，而第二代、第三代繼承者，由於沒有經歷創業階段，其素質、能力、權威一般不及第一代，其他家族成員可能對其領導權威提出挑戰，進而產生矛盾與分裂。

（3）家族企業的社會化、公開化程度低，制約了其發展。一方面，許多家族企業在經濟中的壟斷程度較高，隨著公眾反壟斷呼聲的增大，企業的社會形象受到了影響；另一方面，家族企業所有權社會化程度低，直接融資的渠道過窄，因而過於依賴銀行貸款這種間接融資方式，導致了企業負債率偏高。由於這些固有的缺陷，近20年來尤其是1997年亞洲金融危機過後，韓國及東南亞國家企業的家族治理模式逐步被調整。調整內容包括：提高家族企業的股份社會化程度，將企業經營管理權逐步由家族成員向非家族成員轉移，加大包括股東、債權人、政府機構和公眾監督在內的全方位監督力度，等等。

第三章　公司治理體制與機制

第一節　公司治理機制的涵義與分類

公司治理機制（Corporate Governance Mechanism）指公司的各種利益相關者，在利用現有法律和規制框架及公司章程等對權益進行保護的過程中，通過權力的實施來實現控製公司的一種手段。它是通過市場競爭來自發選擇的，或者是在公司治理的理論指導下人為設計的制度。

丹斯和麥考林（Denis & McConnell, 2003）按照制度設計所利用資源的來源，認為公司治理是公司內部治理機制和外部治理機制的總和。它們可促使那些追逐個人利益的公司經營者，做出能以公司所有者利益最大化為原則的決策。

外部治理機制（External Control System）是指通過公司外部環境發生作用的各種控製（或激勵）工具的總稱。公司外部治理機制會讓經營者感到持續的壓力和威脅，激勵與鞭策經營者實現公司治理目標。

內部治理機制（Internal Control System）是指公司出資者為保障投資收益，就控製權分配問題，在出資者、董事會和高級經營者組成的內部結構之間所達成的協議與安排。主要包括權力在股東與債權人之間的

分配；債權人在多大範圍內和多大程度上參與公司治理；權力在股東、董事會、監事會、經營者之間及其各自內部結構的安排；經營者選聘、解聘及薪酬機制等激勵約束機制；股東、董事會對經營者的監督機制，等等。

　　丹斯和麥考林對公司治理機制的劃分屬於傳統的兩分法。伯格洛夫和克拉森（Berglof & Claessens，2004）的劃分與傳統的兩分法不同，他們將契約理論和制度分析方法引入對公司治理機制的分析之中，將公司治理機制分為公共和私人兩種治理機制。私人治理機制是法律之外的，由私人主體（投資者、市場仲介）執行的單邊、雙邊或多邊的治理機制，如市場競爭、聲譽、媒體監督、市場仲介，等等。公共治理機制則依賴於法律與法規，由檢察機構或監管方來執行的治理機構。雖然伯格洛夫和克拉森（Berglof & Claessens，2004）的公共、私人治理機制的兩分法符合理論分析，但很難對公司治理機制的效率進行深入的計量分析。

　　李維安等認為公司治理機制分為三大類，即權益機制、市場機制和管理機制。權益機制的公司治理機制主要與利益相關者的專用性資產相對應，包括股權機制、債權機制、經營者機制、工會機制和消費者供給者機制；市場機制主要包括資本市場、勞動力市場（含經理市場）、產品市場等機制；管理機制主要是貫徹公司制定的治理原則，要借助一定的規則，強制或規範其他機制背後的行為人。

一、公司外部治理機制

　　從理論基礎來看，外部治理機制主要是基於市場競爭理論，通過公司外部市場體系提供充分的公司經營信息，並對公司及經營者行為進行客觀評價與約束，從而形成一種競爭的市場環境和保證交易成本低廉的優勝劣汰機制，以達到對公司經營者進行有效激勵和監督的目的。不同

視角下的外部治理機制的涵義有所不同。如從市場體系角度來看，外部治理機制主要包括資本市場、控製權市場、廣批競爭市場、經理人市場和市場中的獨立審計評價機制；從制度約束角度來看，外部治理機制主要包括法律、政治、規制、會計制度，以及企業倫理道德約束，等等；從實施監督主體角度來看，外部治理機制主要由潛在的投資者、經營者、社會公眾以及政府部門等對企業予以監督、定價和收購兼併。這些監督主體常常聘請專業人士，如監察法人（執業會計師）、證券分析師、評價機構及證券交易所等完成其相應的監督職能。下面著重從市場體系和制度約束角度，闡述外部治理機制中資本市場、控製權市場、法律制度、會計制度和產品市場競爭機制的涵義。

（一）資本市場治理機制

資本市場治理機制處於公司外部治理機制的核心地位，它越過信息披露與市場評價機制、價格激勵機制、接管兼併機制及融資約束機制等，使經營者感到持續壓力，進而達到約束經營者，實現對公司有效治理的目的。張維迎（1999）認為資本市場對公司治理的重要作用主要表現在：資本市場通過影響經營者的積極性而影響企業的實際價值；資本市場通過向投資者傳遞企業內部信息而影響企業的市場價值；資本市場影響著企業的治理結構，即所有權安排。

（二）控製權市場治理機制

「控製」是指具有直接和間接指揮或引導他人實施管理、確立政策方向的權利。控製權市場治理機制是指投資者通過收集股權和投票代理權，取得對公司的控製權，以便接管公司和更換經營不善的項目的一種制度安排。

公司控製權市場一般建立在成熟、有效的資本市場基礎上，主要運行方式有公司接管（Takeover）、槓桿收購（Leveraged Buyout）以及公司重組（Restructurings），等等。其中，公司接管包括併購（Merger &

Acquisition, M&A)、敵意併購和友好要約收購 (Hostile & Friendly tender offer), 以及代理權競爭 (Proxy Contests), 等等。

(三) 法律法規治理機制

法律法規監督約束機制在公司治理機制中處於基礎性地位。它包括政府和市場監管部門為保護投資者利益、保證公司遵守國家法律和社會道德規範而制定的一系列法律規定。法律法規的監督約束機制是公司最有力的外部監督約束因素,起著保護投資者及公司其他利益相關主體權益的作用。LLSV(拉波塔、洛配茲・西拉內斯、安德烈・施萊弗和羅伯特・維什尼四位學者,由於他們經常一起署名發表文章,學界將他們簡稱為 LLSV 組合) 認為各國股權結構、資本市場的差異與投資者在法律上所受到的保護程度密切相關。引入外部法律法規,建立公司監管約束機制的目的在於削弱上市公司經營者的信息優勢和壟斷勢力。通過強制性和懲罰性制度安排來防範經營者對公眾股東的侵權行為,進而使委託代理關係成為一種公正和公平的交易關係。

(四) 會計制度治理機制

會計制度是影響公司「內部人」與「外部人」之間信息不對稱程度的因素。嚴格的會計、信息披露和審計規則可以幫助公司「外部人」對公司進行治理,防止所有權過度集中、分散投資風險和鼓勵投資者參與資本市場交易。反之,鬆散的會計、信息披露和審計規則則會增加公司外部的治理成本。定義明確、執行力度強的會計標準、信息披露準則與審計標準均能夠減少解釋信息的成本。較低水平的信息不對稱和較低的治理成本將會鼓勵大量投資者參與資本市場交易。因此,定期、準確地披露與投資有關的會計信息可以降低投資的不確定性,並使公司「外部人」投資的可預測性更強。

(五) 產品市場競爭治理機制

產品市場治理機制主要體現在產品競爭的約束機制上,即來自產品

市場的利潤、市場佔有率等指標，在一定程度上顯示了經營者的經營業績。產品市場的激烈競爭所帶來的破產威脅，會制約經營者的偷懶（shirk）行為。強調產品市場競爭機制的學者認為，競爭機制可以產生激勵效應和信息效應。激烈的競爭將使低效率企業的市場份額不斷縮小，最終退出市場，這種觀點後來被劉芍佳等（1998）發展為超產權理論。超產權理論認為，競爭給企業造成了「生」與「死」的抉擇，迫使經營者改善公司治理機制，提高經營效率。

二、公司內部治理機制

內部治理機制是對代理人實施激勵，從而在公司的各個利益主體之間，進行剩餘控製權與剩餘索取權有效配置的一套產權制度安排。從理論基礎來看，主要基於委託代理理論和產權理論；從制度約束角度來看，主要包括股權控製機制、對經營者的監督機制、對經營者的激勵約束機制。

（一）股權控製機制

股東通過持有的股權參與管理、監督和控製的機制「股權結構的權益控製機制」，簡稱「股權控製機制」。股權資本是公司資本結構中最重要的組成部分，由此衍生出的股權結構，即股東權利在股東內部之間的分配，既可以在公司外部治理機制中發揮作用，又可以視為一種公司內部治理機制，這要視股權結構的集中程度而定。若股權結構高度分散，持股比例微不足道的小股東無法左右經營者行為，就會失去參與公司治理的興趣。因此，小股東主要通過資本市場上「用腳投票」的方式，達到約束經營者行為、改善公司業績的目的。若股權相對集中，大股東可按用法律規定或公司章程，憑藉其對公司的所有權，依法獲取在董事會的席位，通過控製董事會在公司內部實施控製，即「用手投票」。這種控製是否有效取決於股票的集中程度、股東性質及董事會的議事規

則效率等多種因素。

(二) 股東會監督機制

股東會作為公司的最高權力機構，是由全體股東組成的，對公司董事與監事的選聘、章程變更及其他重大事項做出最高決策的組織機構。股東會反應了公司絕大多數股東的意志，是體現並保障股東權益最直接、最有利的途徑和工具。健全股東會制度，恢復股東會功能，發揮其作為公司內部最高決斷機構的作用是完善公司內部治理機制，實現股東權益的重要步驟。

(三) 董事會監督機制

董事會是指由眾多股東推選出的、能夠代表自己利益的、有能力的、值得信賴的代表所組成的，用以管理公司的小型組織機構。董事會將提供企業資本的股東和在企業中使用這些資本創造價值的經營者聯繫起來，因而被認為是公司內部治理機制的核心組織（Hermalin & Wisbach, 2001）。其主要職責是代表股東招聘或解雇公司的高級經營者，制訂高級經營者的薪酬計劃，以及在必要時向經營者提出意見和建議，等等。

(四) 監事會監督機制

監事會的監督機制是股東對經營者的代理監督或間接監督。股東監督經營者有兩種方式：一是親自監督經營者，二是委託代理人設置監事會，通過監事對經營者進行監督。由於公司股東人數眾多，由全體股東直接監督經營者的成本極高，因此這種方式很不現實。所以監事會監督機制是一種節約監督成本的制度安排。從董事會的性質來看，監事會是公司法人的監督機構，是對董事會成員和經營者行使監督職能的公司監督機構。從其權力結構來看，監事會是公司內部治理機制的制衡機構，是股東行使監督權的主體。從其地位和特徵來看，監事會是公司法定、必備和常設的集體監督機構。

（五）經營者激勵約束機制

經營者激勵約束機制是為限製作為代理人的經營者「偷懶」、內部交易（Self-dealing）等謀求控製權私人收益（Private Benefit of Control）的行為的機制。具體做法是在公司績效等指標的基礎上，股東與經營者之間訂立隱性或顯性契約，如年薪、獎金、股權或股票期權等，或當經營業績低於一定標準時，規定的辭退威脅等多種形式，以實現對經營者努力的補償或努力不足的懲罰，從而促使經營者按照股東權益行事。

第二節　股東大會

一、股東大會的定義

股東大會是公司的最高權力機關，由全體股東組成，對公司重大事項進行決策，有權選任和解除董事，並對公司的經營管理有決定權。

股東大會既是一種定期或臨時舉行的全體股東出席的會議，又是一種非常設的由全體股東所組成的公司制企業的最高權力機關。它是股東作為企業財產的所有者，對企業行使財產管理權的組織。企業一切重大的人事任免和重大的經營決策一般都要得到股東會的認可和批准方才生效。法律規定，股東大會的議事方式和表決程序，除法律規定的以外，其他的由公司章程規定。《公司法》在規定股東大會的議事方式和表決程序由公司章程規定的同時，對一些特定問題的討論等也規定了特別的程序。主要包括以下幾點：

（1）股東大會對公司增加或者減少註冊資本、分文、合併、解散或者變更公司形式作出決議，必須經代表 2/3 以上表決權的股東通過。這一規定較通常的 1/2 以上表決權即通過的規定，擴大了利益保護的

範圍。

（2）公司可以修改章程，但修改公司章程的決議，必須經代表 2/3 以上表決權的股東通過。

（3）股東大會會議由股東按照出資比例行使表決權。

（4）股東大會的首次會議由於尚未形成會議召開方法，應由出資最多的股東召集和主持，並依照《公司法》的規定行使職權。

（5）股東大會會議分為定期會議和臨時會議。定期會議應當依照公司章程的規定按時召開。代表 1/10 以上表決權的股東、1/3 以上的董事、監事會或者不設監事會的公司的監事提議召開臨時會議的，應當召開臨時會議。

（6）公司設立董事會的，股東大會會議由董事會召集，且董事長主持。如不能履行職務時，由董事長指定的副董事長或者其他董事主持。

（7）召開股東大會會議，應當於會議召開 15 日以前通知全體股東。股東大會應當對所議事項的決定做成會議記錄，出席會議的股東應當在會議記錄上簽名。

無論公司章程有無規定，股東大會會議的有關問題涉及上述方面的，都必須按規定的程序執行。程序未做規定而章程有規定的，則可依章程規定的程序執行。

二、股東大會的類型

1. 法定股東大會

凡是公開招股的股份公司，從它開始營業之日算起，一般規定在最短不少於 1 個月，最長不超過 3 個月的時間內舉行一次公司全體股東大會。會議的主要任務是審查公司董事在開會前 14 天向公司各股東提出的法定報告。目的在於讓所有股東掌握公司的全部概況，瞭解重要業務是否具有牢固的基礎。

2. 年度大會

股東大會定期會議又稱為股東大會年會，一般每年召開一次，通常是在每一會計年度終結的6個月內召開。由於股東大會定期會議的召開大都為法律強制，所以世界各國一般不對該會議的召開條件做出具體規定。年度大會內容包括選舉董事、變更公司章程、宣布股息、討論增加或者減少公司資本，以及審查董事會提出的企業報告，等等。

3. 臨時大會

臨時大會討論臨時的緊迫問題。股東大會臨時會議通常是由於發生了涉及公司和股東利益的重大事件，無法等到股東大會年會召開而臨時召集的股東會議。

關於臨時股東大會的召開條件，世界主要國家大致有三種立法體例，即列舉式、抽象式和結合式。中國採取的是列舉式，《公司法》第104條規定，具有以下情形之一的，應當在兩個月內召開股東大會。

（1）董事人數不足本法規定的人數或者公司章程所定人數的2/3時。

（2）公司未彌補的虧損達股本總額的1/3時。

（3）持有公司股份10%以上的股東請求時。

（4）董事會認為必要時。

（5）監事會提議召開時。

德國、日本等國家的法律採取的則是抽象式的立法體例，將決定權交由召集人根據需要確定。

三、股東大會的性質

股東大會的性質，主要體現在以下兩個方面。

一是體現股東意志。股東大會是由全體股東組成的權力機關，它是全體股東參加的全會，而不是股東代表大會。現代企業股權分散，股東上萬甚至幾十萬，不可能全部出席股東大會。因此，股東不能親自到會

的，可以委託他人代為出席投票，以體現全體股東的意志。

二是企業最高權力機關。股東大會是企業經營管理和保障股東利益的最高決策機關，不僅要選舉或任免董事會和監事會成員，而且企業的重大經營決策和股東的利益分配等都要得到股東大會的批准。但股東大會並不具體和直接介入企業的生產經營管理，它既不對外代表企業與任何單位發生關係，也不對內執行具體業務，本身也不能成為企業法人代表。

四、股東大會的職權

股東大會行使下列職權：

（1）決定公司的經營方針和投資計劃。

（2）選舉和更換董事，決定有關董事的報酬。

（3）選舉和更換由股東代表出任的監事，決定有關監事的報酬事項的報告。

（4）審議批准監事會的報告，審議批准公司的年度財務預算方案、決算方案。

（5）審議批准公司的利潤分配方案和彌補虧損辦案。

（6）對公司增加或者減少註冊資本做出決議。

（7）對公司發行債券做出決議。

（8）對股東向股東以外的人轉讓出資做出決議（本項為有限責任公司股東會議特有的職權）。

（9）對公司合併、分立、解散和清算等事項做出決議。

（10）修改公司章程，以及公司章程規定需由股東大會決定的事項。

第三節　董事會

一、董事會的定義

董事會（Board of Directors）是依照有關法律、行政法規和政策規定，按公司或企業章程設立並由全體董事組成的業務執行機關。

股份有限公司的董事會，是由股東大會選舉產生的董事組成的。董事會是股份有限公司的執行機構，貫徹公司股東大會的決議，對內管理公司事務，對外代表公司。此外，董事會也是股份有限公司的必設機構。中國有關法律十分重視董事會在股份有限公司中的地位，認為它既是公司的執行機構，又是公司的集體領導機關，對公司的穩定與發展有著舉足輕重的作用。

中國《公司法》規定，股份有限公司的董事會由5~19人組成。首屆董事會成員由公司創立大會選舉產生，以後各屆董事會由股東大會選舉產生。公司章程規定，每屆董事任期不得超過3年。董事任期屆滿，連選可以連任。董事在任期屆滿前，股東大會不得無故解除其職務。

二、董事會的類型

NACD（全美董事聯合會諮詢委員會）將公司治理的目標定義為公司治理要確保公司的長期戰略目標和計劃被確立，以及為實現這些目標建立適當的管理結構（組織、系統、人員），同時要確保這些管理結構有效運作以保持公司的完整、聲譽，以及對它的各個組成部分負責任。

NACD的這個定義實際上是將公司的董事會看作治理結構的核心，是針對不同類型的董事會功能而言的。NACD根據功能不同將董事會分

為以下四種類型：

（1）底線董事會。這種類型的董事會僅僅是為了滿足法律上的程序要求而存在。

（2）形式董事會。這種類型的董事會具有象徵性，只有名義上的作用，是比較典型的「橡皮圖章機構」。

（3）監督董事會。這種類型的董事會檢查計劃、政策、戰略的制定和執行情況，評價經理人員的業績。

（4）決策董事會。這種類型的董事會參與公司戰略目標、計劃的制訂，並在授權經理人員實施公司戰略時按照自身的偏好進行干預。

從公司演化的角度看，董事會也可以分為如下三種類型：

（1）立憲董事會。這種類型的董事會強調董事會是依照一定的法律程序，在某個權力主體的批准下成立的。政府頒布的《公司法》對公司而言就是一部憲法，董事會遵照法律規定成立，僅具有形式上的意義。公司要麼由創始人控製，要麼由 CEO 控製。在規模小且技術水平低的私有公司中，這類董事會比較多。

（2）諮詢董事會。隨著公司規模的擴大和經營複雜程度的提高，CEO 需要更多的專業人員，如技術專家、財務顧問、法律顧問等的幫助。通過招募這些人進入董事會，CEO 將得到他們的幫助。如果這些人是公司外部的專家，則董事會可稱為「外部人控製型」；如果這些人是來自公司內部的專職人員，則董事會可稱為「內部人控製型」。在這個過程中，董事變得越來越高素質、越來越稱職、越來越獨立。當前，絕大部分美國公司的董事會屬於這一類型。

（3）社團董事會。隨著股權分散化、公眾化程度的提高，董事會內部將形成不同的利益集團，意見差別通過少數服從多數的投票機制來解決。這樣的董事會需要經常召開會議，且董事們必須盡量出席會議，否則董事會可能通過不利於某一集團（或董事）的決議。一些大型的公開

上市公司就存在這樣的董事會。

對一個公司而言，具體董事會類型的選擇受制於占統治地位的社會環境，而社會環境又是社會政治經濟力量共同作用的結果。一個需要企業、革新和股份的社會將不斷孕育出適當的治理機制。

三、董事會的職責

董事會既是股份公司的權力機構，又是企業的法定代表。除法律和公司章程規定應由股東大會行使的權力之外，其他事項均可由董事會決定。公司董事會是公用的經營決策機構，董事會向股東會負責。

董事會的義務主要是：製作和保存董事會的議事錄，備置公司章程和各種簿冊，及時向股東大會報告資本的盈虧情況和在公司資不抵債時向有關機關申請破產等。

股份公司成立以後，董事會就作為一個穩定的機構而存在。董事會的成員可以按章程規定隨時任免，但董事會本身不能撤銷，也不能停止活動。董事會是公司最重要的決策和管理機構，公司的事務和業務均在董事會的領導下開展，由董事會選出的董事長、常務董事具體執行。根據《公司法》的規定，董事會對股東會負責，行使下列職權。

1. 執行權

該職權可以分為：

（1）召集股東會會議，並向股東會報告工作。董事會由董事組成，董事由股東會選舉產生，董事會對股東會負責。因此，召集股東會會議，並向股東會報告工作，既是董事會的一項職權，也是董事會的一項義務。

（2）執行股東會的決議。股東會作為公司的權力機構，是公司的最高決策機關，依照法律規定和公司章程規定決定公司的重大問題。股東會對公司生產經營方面做出的決議，由董事會執行。因此，執行股東會

的決議，既是董事會的一項職權，也是董事會的一項義務。

2. 宏觀決策權

宏觀決策權主要指決定公司的經營計劃和投資方案。經營計劃是指管理公司內外業務的方向、目標和措施，是公司內部的、短期的管理計劃。公司的投資方案是指公司內部短期的資金運用方向。根據規定，決定公司的經營方針和投資計劃是公司股東會的職權。因此，公司的經營計劃和投資方案是公司執行股東會決定的經營方針和投資計劃的一項具體措施。

3. 經營管理權

經營管理權具體包括：①制訂公司的年度財務預算方案、決算方案。根據規定，審議批准公司的年度財務預算方案、決算方案是公司股東會的職權，由於董事會是股東會的執行機關，因此應當按照規定制訂公司的年度財務預算方案、決算方案，並及時報請公司股東會進行審議批准。②制訂公司的利潤分配方案和彌補虧損方案。根據規定，審議批准公司的利潤分配方案和彌補虧損方案是股東會的職權，董事會應當按照規定制訂公司的利潤分配方案和彌補虧損方案，及時報請公司股東會進行審議批准。③制訂公司增加或者減少註冊資本以及發行公司債券的方案。根據規定，對公司增加或者減少註冊資本、發行公司債券作出決議是股東會的職權，而對公司增加或者減少註冊資本以及發行公司債券制定具體方案是董事會的職權。因此，董事會應當按照公司的需要，針對公司增加或者減少註冊資本以及發行公司債券的決議要求，及時制訂具體方案並提請股東會議審議。④制訂公司合併、分立、解散或者變更公司形式的方案。公司合併、分立、解散或者變更公司形式均屬於公司的重大事項，根據規定，應經過股東會作出決議，但是具體與誰合併、如何分立、變更為什麼樣的股份有限公司以及解散的具體方案應該由董事會來制訂，然後提請股東會會議進行審議並做出決議。

4. 機構設置與人事聘任權

董事會是公司的執行機關，負責公司經營活動的指揮和管理，因此其有權決定公司內部管理機構的設置。決定公司內部管理機構的設置是指董事會有權根據本公司的具體情況，確定內部的管理機構設置，如設立教學服務部、事業開發部、市場行銷部、企業管理部、客戶服務部等具體的業務部門或者行政管理部門。董事會也可以決定聘任或者解聘公司經理及其報酬事項，並根據經理的提名決定聘任或者解聘公司副經理、財務負責人及其報酬事項。聘任或者解聘高級管理人員，是指董事會有權決定聘任或者解聘公司經理，並根據經理的提名決定聘任或者解聘公司的副經理、財務負責人等高級管理人。

除上述四種職權之外，董事會還可以制定公司的基本管理制度，行使公司章程規定的其他職權。

四、董事會的形成

作為公司董事會，其形成有資格上、人員數量上和人員分工上的具體要求，也有其具體的職責範圍要求。

從資格上講，董事會的各位成員必須是董事。董事是股東在股東大會上選舉產生的。所有董事組成一個集體領導班子即為董事會。

法定的董事資格如下，①董事可以是自然人，也可以是法人。如果法人充當公司董事，就必須指定一名有行為能力的自然人作為其代理人。②特種職業和喪失行為能力的人不能作為董事。特種職業如國家公務員、公證人、律師和軍人等。③董事可以是股東，也可以不是股東。

從人員數量上講，董事的人數不得少於法定最低限額，因為人數太少，不利於集思廣益和充分集中股東的意見。但人數也不宜過多，以避免機構臃腫、辦事效率低。因此，公司一般在最低限額以上，根據業務需要和公司章程確定董事的人數。由於董事會是會議機構，董事會最終

人數一般是奇數。

從人員分工上講，董事會一般有董事長、副董事長、常務董事。人數較多的公司可設立常務董事會。董事長和副董事長，可以由股東會直接選舉，也可以由董事會成員進行投票選舉，還可以規定按照股東的出資比例多少決定哪些股東出任董事長和副董事長，公司視自身情況而定。對於有限責任公司，股東人數較少和規模較小的，可以設一名執行董事，不設立董事會，執行董事可以兼任公司經理。有限責任公司不設董事會的，執行董事為公司的法定代表人。

在董事會中，董事長具有最高權限，是董事會的主席。主要行使的職權有：①召集和主持董事會會議；②在董事會休會期間，行使董事會職權，對業務執行的重大問題進行監督和指導；③對外代表公司，即有代表公司參與司法訴訟的權力，以及簽署重大協議的權力等。

五、股東大會和董事會的關係

股東大會和董事會的關係，實際上是代理與被代理關係、委託與被委託關係。董事會是公司的權力常態機構，而股東大會（或股東會）只是在特定時間召開。也就是說，股東大會只有在特定時間裡才會行使權力。平常是股東大會委託董事會對公司進行管理，董事會委託經理、副經理等具體執行公司日常管理事務。

董事會所做的決議必須符合股東大會的決議，如有衝突應以股東大會決議為準。股東大會可以否決董事會決議，甚至改組、解散董事會。

董事會由股東大會（或股東會）選舉產生，按照《公司法》和公司章程行使董事會權力，執行股東大會決議，是股東大會代理機構，代表股東大會（或股東會）行使公司管理權限。

第四節　獨立董事

一、獨立董事的定義

所謂獨立董事（Independent Director），是指獨立於公司股東且不在公司內部任職，並與公司或公司經營管理者沒有重要的業務聯繫或專業聯繫，對公司事務做出獨立判斷的董事。中國證監會在《關於在上市公司建立獨立董事制度的指導意見》中認為，上市公司獨立董事是指不在上市公司擔任除董事外的其他職務，並與其所受聘的上市公司及其主要股東不存在可能妨礙其進行獨立、客觀判斷關係的董事。

二、獨立董事的特徵

獨立董事最根本的特徵是獨立性和專業性。所謂「獨立性」，是指獨立董事必須在人格、產生程序、經濟利益、行使權力等方面獨立，不受控股股東和公司管理層的限制。其獨立特徵包括以下幾方面：

（1）資格上的獨立性。

（2）產生程序上的獨立性。目前，上市公司中大部分都是國有控股企業，其法人治理結構本身就存在很大的問題，如所有者代表缺位、內部人控制問題、大股東操縱股東會等，很難確保獨立董事的獨立性。

（3）經濟上的獨立性。經濟上的獨立性不能僅僅從表面上去理解，獨立董事只要工作認真、盡職盡責，並就其過錯承擔相應的法律責任，就應該獲得與其承擔的義務和責任相應的報酬。

（4）行使權力上的獨立性。在中國上市公司中獨立董事的作用並沒有得到充分發揮。主要原因：①獨立董事在上市公司的董事會中所占比

例太低，②在上市公司的法人治理結構中沒有設立相應的行權機構。

所謂「專業性」是指獨立董事必須具備一定的專業素質和能力，能夠憑自己的專業知識和經驗對公司的董事和經理以及有關問題獨立地做出判斷和發表有價值的意見。目前，中國企業的獨立董事一般是社會名流，而且身兼數職，一年只有十幾天的時間花在上市公司身上，他們對上市公司很難有時間進行全面瞭解，也很難在此基礎上發表有價值的意見。同時，社會名流也未必真正懂得經營和管理，更缺乏必要的法律和財務方面的專業知識。

三、獨立董事設計的理論依據

1. 代理成本理論

企業發展壯大以後，必然面臨企業所有權與經營權的分離，如何保證經營者不會背離所有者的目標，降低企業的代理風險，控製代理成本，成為公司治理中一個非常重要的問題。代理成本理論認為，代理成本的降低，必然要求提高經營管理層的效率，同時又必須防止「內部人控製」問題，所以希望通過創設獨立董事制度來改變經營者決策權力的結構，達到監督、制衡的目的，從而保證經營者不會背離所有者的目標，促進代理與委託雙方利益的一致，增加營運效益。其理論著眼點在於通過改革經營管理層權力配置結構來促進經營管理層的安全、有效運作，從而減少代理成本。換言之，以最小的投入獲得最大的產出。這種理論最大的特點是從企業法人要盈利的根本目的出發，推演出優化管理層權力配置的必要性，得出對獨立董事制度創設必要性的結論。

2. 董事會職能分化理論

該理論認為，由於擔心監督職能的缺位，而應該從董事會中分化出部分董事補位。這種理論蘊涵一個既定的前提，那就是企業經營管理層必須通過權力配置平衡才能高效運作。其實，從這個角度上講，董事會

職能分化理論和代理成本理論並沒有實質的區別，都是致力於改革公司權力結構配置，使這種結構更加穩定、高效、安全，從而為企業帶來更好的經營效益。兩者的區別只是在於代理成本理論更加抽象，視野起點相對較高；而董事會職能分化理論更加注重公司治理運行中的現實性需求。

2001年8月，中國證監會發行了《關於在上市公司建立獨立董事制度的指導意見》，強制要求所有上市公司必須按照該意見的規定，建立獨立董事制度。同時，2004年9月中國證監會發布了《關於加強社會公眾股股東權益保護的若干規定》，進一步肯定並完善了獨立董事制度。2006年生效的新的《中華人民共和國公司法》，明確規定了建立獨立董事制度，但具體辦法由國務院規定。由此可見，獨立董事制度正一步一步地進入中國公司法人治理結構體系之中。

四、獨立董事的任職資格

擔任獨立董事應當符合下列基本條件：

（1）根據法律、行政法規及其他有關規定，具備擔任上市公司董事的資格。

（2）具有《關於在上市公司建立獨立董事制度的指導意見》所要求的獨立性。

（3）具備上市公司運作的基本知識，熟悉相關法律、行政法規、規章及規則。

（4）具有5年以上法律、經濟或者其他履行獨立董事職責所必需的工作經驗。

（5）公司章程規定的其他條件。獨立董事及擬擔任獨立董事的人士應當按照中國證監會的要求，參加中國證監會及其授權機構所組織的培訓，中國證監會對獨立董事的任職資格和獨立性進行審核並有最終決

定權。

此外，下列人士不得擔任獨立董事：

（1）在上市公司或者其附屬企業任職的人員及其直系親屬、主要社會關係（直系親屬是指配偶、父母、子女等；主要社會關係是指兄弟姐妹、岳父母、兒媳女婿、兄弟姐妹的配偶、配偶的兄弟姐妹等）。

（2）直接或間接持有上市公司已發行股份1%以上或者是上市公司前十名股東中的自然人股東及其直系親屬。

（3）在直接或間接持有上市公司已發行股份5%以上的股東單位，或者在上市公司前五名股東單位任職的人員及其直系親屬。

（4）最近一年內具有前三項所列舉情形的人員。

（5）為上市公司或者其附屬企業提供財務、法律、諮詢等服務的人員。

（6）公司章程規定的其他人員。

（7）中國證監會認定的其他人員。

五、獨立董事的特別職權

（1）重大關聯交易（指上市公司擬與關聯人達成的總額高於300萬人民幣或高於上市公司最近經審計淨資產值的5%的關聯交易）應由獨立董事認可後，提交董事會討論；獨立董事做出判斷前，應聘請仲介機構出具獨立財務顧問報告，作為其判斷的依據。

（2）向董事會提議聘用或解聘會計師事務所。

（3）向董事會提請召開臨時股東大會。

（4）提議召開董事會。

（5）獨立聘請外部審計機構和諮詢機構。

（6）可以在股東大會召開前公開向股東徵集投票權。

六、獨立董事的其他獨立意見

（1）提名、任免董事。

（2）聘任或解聘高級管理人員。

（3）公司董事、高級管理人員的薪酬。

（4）上市公司的股東、實際控制人及其關聯企業對上市公司現有或新發生的總額高於 300 萬人民幣或高於上市公司最近經審計淨資產值的 5%的借款或其他資金往來，以及公司是否採取有效措施回收欠款。

（5）獨立董事認為可能損害中小股東權益的事項。

（6）公司章程規定的其他事項。

七、公司對獨立董事的承諾

（1）上市公司應當保證獨立董事享有與其他董事同等的知情權。凡須經董事會決策的事項，上市公司必須按法定的時間提前通知獨立董事並同時提供足夠的資料。獨立董事認為資料不充分的，可以要求補充。當兩名或兩名以上獨立董事認為資料不充分或論證不明確時，可聯名書面向董事會提出延期召開董事會會議或延期審議該事項，董事會應予以採納。上市公司向獨立董事提供的資料，上市公司及獨立董事本人應當至少保存 5 年。

（2）上市公司應提供獨立董事履行職責所必需的工作條件。上市公司董事會秘書應積極為獨立董事履行職責提供協助，如介紹情況、提供材料等。獨立董事發表的獨立意見、提案及書面說明應當公告的，董事會秘書應及時到證券交易所辦理公告事宜。

（3）獨立董事行使職權時，上市公司有關人員應當積極配合，不得拒絕、阻礙或隱瞞，不得干預其獨立行使職權。

（4）獨立董事聘請仲介機構的費用及其他行使職權時所需的費用由

上市公司承擔。

(5) 上市公司應當給予獨立董事適當的津貼。津貼的標準應當由董事會制訂預案，股東大會審議通過，並在公司年報中進行披露。除上述津貼外，獨立董事不該從上市公司及其主要股東或有利害關係的機構和人員那裡取得額外的、未予披露的其他利益。

(6) 上市公司可以建立必要的獨立董事責任保險制度，以降低獨立董事正常履行職責可能引致的風險。

八、獨立董事與外部董事的關係

外部董事是指非公司雇員或高級職員的董事會成員，他並不參與公司日常事務的管理。外部董事可能包括向公司投資的銀行家、律師或其他能夠為公司經營提供建議或服務並因此與公司經營活動有利害關係的人。而獨立董事是指不在所受聘公司擔任除董事及董事會內職務以外的其他職務，直接或間接持有一定比例以下的公司股份（有的國家規定不得持有公司股份），並與公司及其主要股東不存在可能妨礙其獨立、客觀判斷的實質性利益關係的董事。

外部董事包括獨立董事和灰色董事。獨立董事是除董事關係外與公司沒有任何其他關係的外部董事。灰色董事是那些除了董事關係外與公司還有其他聯繫的外部董事。因為他們不是公司的雇員，因此是外部董事。他們往往是管理當局的親戚、公司的供應商、為公司提供法律服務的外部律師、退休的公司經理、投資銀行家等。有人發現，74%的在紐約證券交易所上市的公司在審計委員會中至少有一名灰色董事。因此，外部董事未必是獨立董事，但獨立董事一定是外部董事，準確地說，是獨立的外部董事。

外部董事與獨立董事在特徵上有許多相同之處。比如說，都不能是該公司的員工，都不能負責該公司的執行性事務，都不能在經理層擔任

職務。也就是說，他們都是非執行董事。他們之間重要的區別：外部董事可以是與股東單位相關的人員，而獨立董事不是。獨立董事必須獨立於所有的股東。在某些國家，非執行董事也經常被認為是獨立董事，實際上非執行董事是相對於執行董事而言的，從範疇上來講更接近於外部董事。非執行董事包括與公司利害相關的和與公司利益無關的兩類，或者說是非獨立的和獨立的兩類。只有獨立的非執行董事才是真正的獨立董事。一般而言，獨立董事對內部董事或執行董事的工作進行監督、評估和制衡。為了達到這一目的，獨立董事必須獨立於公司，即不能與公司有任何能影響其客觀、獨立地做出判斷的關係。也就是說，外部董事和獨立董事首先都必須是非執行董事。

第五節　監事會

一、監事會的定義

為了保證公司正常、有序、有規則地進行經營，保證公司決策正確和領導層正確執行公務，防止濫用職權，危及公司、股東及第三人的利益，各國都規定在公司中設立監察人或監事會。監事會是股東大會領導下的公司的常設監察機構，執行監督職能。監事會與董事會並立，獨立地行使對董事會、總經理、高級職員及整個公司管理層的監督權。為保證監事會和監事的獨立性，監事不得兼任董事和經理。監事會對股東大會負責，對公司的經營管理進行全面的監督，包括調查和審查公司的業務狀況，檢查各種財務情況，並向股東大會或董事會提供報告；對公司各級幹部的行為實行監督，並對領導幹部的任免提出建議；對公司的計劃、決策及實施進行監督等。

（1）監事會設立的目的。由於公司股東分散，專業知識和能力差別很大，為了防止董事會、經理濫用職權，損害公司和股東利益，就需要在股東大會上選出這種專門的監督機構，代表股東大會行使監督職能。

（2）監事會的組成。監事會由全體監事組成。監事的資格基本上與董事資格相同，並必須經股東大會選出。監事可以是股東、公司職工，也可以是非公司專業人員。其專業的組成類別應由公司法規定和公司章程具體規定。但公司的董事長、副董事長、董事、總經理以及經理不得兼任監事會成員。監事會設主席、副主席、委員等職務。

監事會成員即監事不得少於3人（含3人），其任期由公司章程規定，一般不超過3年，可連選連任。

在股份有限公司中，監事會成員的1/3以上（含1/3）但不超過1/2由職工代表擔任，由公司職工推舉和罷免。監事會其他成員由股東大會選舉和罷免，不設股東會的，由股東委派和罷免。監事會主席由全部監事2/3以上選舉和罷免。

（3）監事會的職權範圍。①可隨時調查公司生產經營和財務狀況，審閱帳簿、報表和文件，並請求董事會提出報告；②必要時，可根據法規和公司章程的規定，召集股東大會；③列席董事會會議，對董事會的決議提出異議，並可要求復議；④對公司的各級管理人員提出罷免和處分的建議。

二、監事會的作用

監事會對股東大會負責，對公司財務以及公司董事、總裁、副總裁、財務總監和董事會秘書履行職責的合法性進行監督，維護公司及股東的合法權益。公司應採取措施保障監事的知情權，及時向監事提供必要的信息和資料，以便監事會對公司財務狀況和經營管理情況進行有效的監督、檢查和評價。總裁應當根據監事會的要求，向監事會報告公司

重大合同的簽訂和執行情況、資金運用情況和盈虧情況。總裁必須保證該報告的真實性。

監事會發現董事、經理和其他高級管理人員存在違反法律、法規或公司章程的行為，可以向董事會、股東大會反應，也可以直接向證券監管機構及其他有關部門報告。

三、監事會監督的主要形式

為了完成監督職能，監事會不僅要進行會計監督，而且要進行業務監督；不僅要有事後監督，而且要有事前和事中監督（即計劃、決策時的監督）。監事會對經營管理業務進行監督包括以下幾方面：

（1）通知經營管理機構停止其違法行為。當董事或經理人員執行業務時違反法律、公司章程及從事登記營業範圍之外的業務時，監事會有權通知他們停止其行為。

（2）隨時調查公司的財務狀況，審查帳冊文件，並有權要求董事會向其說明情況。

（3）審核董事會編制的提供給股東大會的各種報表，並把審核意見向股東大會報告。

（4）當監事會認為有必要時，一般是在公司出現重大問題時，可以提議召開股東大會。此外，在以下特殊情況下，監事會有代表公司之權：①當公司與董事間發生訴訟時，除法律另有規定外，由監督機構代表公司作為訴訟一方處理有關法律事宜；②當董事自己或他人與本公司有交涉時，由監事會代表公司與董事進行交涉；③當監事調查公司業務及財務狀況、審核帳冊報表時，由監事會代表公司委託律師、會計師或其他監督法人。

四、監事會的職權

監事會依法行使以下職權：

（1）審查公司財務，可在必要時以公司名義另行委託會計師事務所獨立審查公司財務。

（2）對公司董事、總裁、副總裁、財務總監和董事會秘書執行公司職務時違反法律、法規或公司章程的行為進行監督。

（3）當公司董事、總裁、副總裁、財務總監、董事會秘書的行為損害公司的利益時，要求前述人員予以糾正。

（4）核對董事會擬提交股東大會的財務報告、營業報告和利潤分配方案等財務資料，發現疑問的可以公司名義委託註冊會計師、執業審計師幫助復審。

（5）可對公司聘用會計師事務所發表建議。

（6）提議召開臨時股東大會，也可以在股東年會上提出臨時提案。

（7）提議召開臨時董事會。

（8）代表公司與董事交涉或起訴董事。

五、法律中監事會的相關規定

以下是新《公司法》對監事會的相關規定（包括對有限責任公司和股份有限公司的規定）。

第53條：監事的任期每屆為三年。監事任期屆滿，連選可以連任。監事任期屆滿未及時改選，或者監事在任期內辭職導致監事會成員低於法定人數的，在改選出的監事就任前，原監事仍應當依照法律、行政法規和公司章程的規定，擔任監事職務。

第54條：監事會、不設監事會的公司的監事行使下列職權。

（1）檢查公司財務；

（2）對董事、高級管理人員執行公司職務的行為進行監督，對違反法律、行政法規、公司章程或者股東會決議的董事、高級管理人員提出罷免的建議；

（3）當董事、高級管理人員的行為損害公司的利益時，要求董事、高級管理人員予以糾正；

（4）提議召開臨時股東會會議，在董事會不履行本法規定的事項和未能履行召集和主持股東會會議職責時，主持股東會會議；

（5）向股東會會議提出提案；

（6）依照新《公司法》第 152 條的規定，對董事、高級管理人員提起訴訟；

（7）公司章程規定的其他職權。

第 119 條：新《公司法》第 54 條、第 55 條關於有限責任公司監事會職權的規定，適用於股份有限公司監事會。

第四章　內部審計在公司治理中的作用

第一節　內部審計與公司治理的關係

　　內部審計是公司一項重要的內部監督管理活動。從內部審計和公司治理的目標和理論基礎一致性來看，公司治理與內部審計相互影響，共同發展。

一、內部審計與公司治理的目標相同

　　良好的公司治理依賴於四大要素的協同實現。2002年7月，國際內部審計師協會（IIA）指出，「健全一個完善公司治理結構的前提是建立有效的公司治理體系的協同關係，即董事會、經理層、外部審計和內部審計等」，審計委員會或內部審計機構有責任協調四大要素的內部關係，做公司治理關係的協調者和項目支持者。

　　（一）內部審計的目標

　　2001年1月IIA發布的新版《國際內部審計專業實務框架》，將內部審計全新定義為：內部審計是一種獨立、客觀的確認和諮詢活動，旨

在增加組織的價值和改善組織的營運。它通過應用系統的、規範的方法，評價並改善風險管理、控製及治理過程的效果，幫助組織實現其目標。IIA對內部審計的新定義拓展了風險審計的內涵，明確了內部審計發揮職能的著力點。①新增了內部審計的諮詢職能。強調要通過內部審計的諮詢職能「改善」風險管理、控製和治理過程。②明確了內部審計確認和諮詢的落腳點。內部審計職能有效發揮的落腳點是「風險管理、控製和治理過程」。③昇華了內部審計的目標。將內部審計目標與組織目標相統一，提出了內部審計「幫助組織實現其目標」。

中國內部審計協會（CIIA）2013年在《內部審計基本準則》中指出：本準則所稱的內部審計，是一種獨立、客觀的確認和諮詢活動。它通過運用規範的程序和方法，審查和評價組織業務活動及其內部控製、風險管理的適當性、合法性和有效性，促進組織改善治理和管理，幫助組織增加價值，實現其目標。

瑞士ABB集團是全球500強企業之一，是電力和自動化技術領域的全球領導廠商。它對內部審計是這樣規定的：「內部審計是站在CEO等經營者的肩膀上，看基層單位應該怎麼做，實際做得如何，存在哪些偏差，然後提出糾偏措施。」

現在關於內部審計的新理念，全面實現了五個轉變：

（1）內部審計以發現並解決問題為審計理念，從「揭露問題型」向「持續改進型」轉變，以幫助組織提高其經營管理水平，為組織健康發展保駕護航。

（2）內部審計以審計對象參與審計過程為審計理念，從「被動接受型」向「主動參與型」轉變，共同研究經營管理中的問題，為提高組織經管水平服務。

（3）內部審計以增加組織價值為審計理念，從單純強調「獨立性」向追求「價值增值」轉變，將內部審計目標納入組織目標，為管理層排

憂解難。

（4）內部審計強調以風險管理審計為主線，從「過程控製型」向「結果控製型」轉變，化解威脅組織的內、外部風險，為實現組織的可持續發展服務。

（5）內部審計以採用新技術、新方法為審計理念，從「借鑑應用型」向「開發創新型」轉變，改革審計技術與方法，為提高內部審計的效率提供保障。

現代內部審計的新理念決定了內部審計的具體目標。

（1）建設投資方面。除進行基建工程預算審計外，還可以在審計建設項目可行性的同時審計其投資價值，例如技術是否先進、適用、可靠，經濟上是否有利等。通過對比分析，選擇投資少、技術好、效率高、成本低、利潤大的方案作為建設項目。可以側重在建設項目投資的領導、技術人員的運用、質量管理及投標競爭、擇優施工、就地取材、加強施工管理、縮短工期、節約材料、利用廢料等方面，開展經濟效益的審計。

（2）資金的合理籌措和運用方面。首先，應注意對如何節約資金、降低資金使用成本的審計。例如，如何解決庫存商品和採購物資超儲積壓的問題，如何有效催收各類應收帳款，以加速資金週轉。其次，應該就如何合理籌措與資金成本相宜的資金加以審計，諸如融資租賃、發行債券、用戶集資等，不僅要看資金性質與資金用途是否相適應，還應比較所用資金的成本和可供使用的期限。最後，還須對資金的合理運用諸如對外投資的經濟效益等加以審計。

（3）經營管理方面。隨著企業經營管理的轉變，要求內部審計人員通過評價企業的管理工作找出不足，特別是從經營上尋找薄弱環節，為企業出主意、想辦法，提高企業管理水平，從而進一步提高企業的經濟效益。因此可以就企業的經營目標是否明確、合理、完整、系統，經營

決策的原則、程序、方法是否正確、科學，實現經營目標的措施是否落實等方面進行綜合審計。

（4）內部控製制度方面。內部審計部門應根據經濟活動發生的頻繁程度以及職能部門的特點，有針對性地對物資採購供應、資金審批、成本費用控製、企業聯營、工資獎金分配等內部控製制度進行審計評價，尋找管理上的薄弱環節，幫助經營者改善經營管理，防止企業經濟效益流失，同時也督促幹部和職工守法經營、清廉從政，在經濟活動中少犯錯誤。

（5）決策審計方面。企業經營者做出的決策影響到企業的生存和發展。為防止決策失誤，保證企業經營目標的實現，內部審計部門必須開展決策審計。這類審計活動屬於事前審計，可以對即將發生的經濟活動進行事前預測，減少損失浪費，降低經營風險和投資風險，為企業經營者當好參謀。

（二）公司治理的目標

良好的公司治理有助於降低公司內部的代理成本，保證股東利益；降低公司經營中的交易成本，保證各利害相關者的利益；增強公司的社會責任，使吸引資本、有效經營等旨在實現公司目標的公司行為，與公司的法律義務和社會期望達到完美結合。

從概念上來講，公司治理是一整套賴以指導和控製公司運作的機制與規則。從狹義上來講，公司治理機制主要指公司董事會的結構與功能，董事長與經理的權利和義務，以及相應的聘選、激勵與監督方面的制度安排等內容；廣義的公司治理機制還包括公司的人力資源管理、收益分配與激勵機制、財務制度、內部控製和風險管理系統、企業戰略發展決策管理系統、企業文化和一切與企業高層管理控製有關的其他制度。公司治理機制的任務在於通過促進利益各方（股東、管理層、債權人和金融市場上潛在的投資者）的協作，實現利益各方的激勵相容，以

達到保護股東的利益和實現其他公司目標。概括地說,改善公司治理結構的主要目標有三個:

(1)保護股東的權利和利益,實現股東價值和長期投資回報最大化,增加投資者的信心。

(2)確立一種以堅實的商業戰略和行動計劃為支撐的公司運行風格和經營基礎。

(3)建立一種針對風險管理問題而對公司的組織、資源、資產、投資和整個公司的運作進行控制的總體框架,以及對管理人員的活動和業績進行監督和保持必要的控制。

公司治理是通過一系列規章、程序、方法實施的治理活動,是為實現公司目標而存在的管理和決策行為,治理的目標最終是一種利益關係的調節和平衡。公司治理的有效性很大程度上取於道德文化建設,IIA職業準則中有關公司治理方向的內容指出:「內部審計應該加強對管理層職業道德的勸說⋯⋯」審計委員會有權啓動自我評估程序,通過內部審計機構對治理結構和政策、企業文化和道德規範等評估發表意見或建議,幫助董事會和管理層培養公司良好的內部控製文化和風險管理意識。IIA《實務公告》也指出了內部審計的其他協同作用:

(1)可以通過對領導層進行任期經濟責任審計,或協助紀檢部門進行效能監察測評,提醒管理層加強執行人員的責任心、提高管理水平,勸說經營者合法經營。

(2)可以通過股權或固定資產投資效益審計,勸說管理層在決策中綜合考慮公司長短期利益並力求投資回報。

(3)可以通過財務預算或經營業績審計,測評或建議公司真實、全面出具財務報告進行對外信息披露。內部審計還可以在公司內部就國際、國內有關法令、準則等方面發揮解釋和諮詢作用。

內部審計是公司治理的有機組成部分,也是提高公司治理有效性的

重要手段。沒有完善的內部審計制度,公司治理系統將失去重要的微觀基礎。反之,缺乏完善的公司治理系統,內部審計制度的作用也不可能得到充分發揮。因此,內部審計與公司治理的目標是相同的。

二、內部審計與公司治理的理論基礎相同

在公司的委託代理關係中,主要的關係人是股東和利益關係人、董事會、經理層,但是,三者追求的目標不同,而且這三者處於信息不對稱狀態。為平衡三者的利益關係,需要制定約束機制,達成合約關係。

Jensen 和 Mecking 在《企業理論:經理行為、代理成本與所有權結構》一文中認為,企業的本質是契約,「是一個使許多個人衝突的目標在合同關係框架中實現均衡的複雜過程的焦點」。代理關係是其中的一種契約關係,「代理關係的產生是因為契約的制訂和強制執行不是無代價的」。在企業所有權與經營權分離、信息不對稱的情況下,委託人和代理人都追求自身效用的最大化,但二者的效用函數並不一致,這樣,委託人必須設計出一個滿足參與約束和激勵約束相容的契約。但這種契約的制訂與執行是有成本的,即代理成本。Jensen 和 Mecking 將代理成本分為委託人激勵和監督代理人並使其為自己的利益服務的監督成本;代理人保證不分割受託人利益,否則給予補償的擔保成本;代理人的行動與使委託人效用最大化的行動存在差異,因此造成委託人利益受損的剩餘損失。

受託責任關係主要包括兩個當事人:委託人和受託人或代理人。一些權威解釋如下:加拿大審計公署(OGA)認為,受託責任是指授予的某項職責履行義務,並對責任的履行情況做出回答。日本《新版會計學大辭典》認為,受託責任是「一定的經濟主體賦予其財產管理者保管和運用所有財產的權限,並要求負起管好、用好這些財產的責任」。國際最高審計機關組織(INTOSAL)關於審計規範的利馬宣言開宗明義地指

出「公共資金的管理，意味著一種委託關係」。現代社會生活中，受託責任關係無處不在，無時不有。美國會計學家沃爾特·梅格斯說，我們正生活在一個受託責任時代。

在理論和實踐上，受託責任還有一個「構成要素」問題。其中，審計師獨立地審查各種受託責任報告，並就受託責任的完成情況發表客觀性意見，就是其「構成要素」之一。由此，我們可以得出基本的受託責任審計觀。受託責任有一個層次劃分問題：首先，從公司的高層管理人員這一特定受託人的角度來看，他們的生存與發展都與對各種股東的貢獻有關，他們之間的關係屬於外部受託責任的劃分問題；其次，從公司內部組織來看，還有一個分權經營問題，於是，就產生了內部受託責任。股份公司的高層管理當局，對外，是受託人；對內，則是委託人，從而形成多極化、多層次的內部受託責任體系，即外部受託責任向組織內部的延伸，而內部受託責任則以完成外部受託則認為基本目標。也就是說，組織外部的受託責任是外部審計發生與發展的基礎，而組織內部的受託責任則是內部審計發生與發展的基礎。

受託責任的過程和結果必須加以計量以判斷委託人對受託責任的履行情況，會計和審計是受託責任內容的最好計量者、控製者，是受託責任關係中聯繫、委託任何受託人的媒介。審計正是由會計責任而引起的。美國總審計長E·B·斯塔茨認為，「審計一詞，不僅用來說明會計師人員在檢查財務報表中所做的工作，也用來說明審查下述各項時所做的工作：①是否遵守有關法律或規章、制度；②各項活動的經濟性和效率；③計劃項目實施後的效果。審計是對管理當局進行自我認定、自我計量、自我編制的受託責任報告，按照公認審計準則和審計程序的要求，進行重認定、重評定、重判定，管理當局利用這些已「重認定、重評定、重判斷」的信息，評價受託人受託責任的履行情況，決定對其予以相應的獎懲。審計也是判斷委託人是否值得繼續信賴，是否需要對其

解除委託責任。

內部審計發展的基礎是企業內部的委託代理關係所產生的管理、監督控製機制。它極大地促進了企業內部管理，幫助代理人管理當局（外部的委託代理關係）更好地履行其受託責任，監督企業內部各部門、分公司的受託責任的履行情況（內部的委託代理關係）。

公司治理主要是經營者的活動，是上述理論機制的框架基礎提供者，而內部審計主要是上述理論的技術控製手段。公司的內部審計，正是為瞭解決股權分散情況下所有權和經營權分離的公司監督和管理而產生的。內部審計是公司內部委託代理關係的產物，它的產生和發展，首先是滿足獨立、客觀、公正地監督和評價公司經營活動及內部控製行為的需要，其次是滿足公司改善經營管理、實現經營目標的需要。因此，內部審計是公司內控體系與公司治理結構的重要基石。所以，委託代理理論是內部審計與公司治理的共同理論基礎。

三、內部審計在公司治理中的作用

從公司治理的角度來看，內部審計發揮的作用是多方面的。內部審計能對公司治理產生積極影響，包括在報告質量、公司業績等方面。在IIA頒布的指引中指出，內部審計在公司治理中發揮兩方面的作用：一方面內部審計能獨立、客觀地評價組織治理結構的適當性及具體治理活動運行的有效性；另一方面內部審計是治理制度變革的有力促進者，可以提出改進措施，改善組織治理結構。

IIA把內部審計確立為公司治理的四大主體之一。內部審計通過自身的業務活動，在公司治理中為組織增加價值並改善組織的運行。內部審計的治理作用體現在以下四個方面：

（1）內部審計的基本內容是風險監管和控製管理。監控風險包括識別風險、評估風險對組織的潛在影響，確定應對風險的策略，以及之後

監控新風險的環境、監控現行的風險的策略和相應的控製措施等。內部審計是在內部實施監督公司的內部控製結構並確定和調查那些可能的虛假財務報表跡象的最好選擇。

（2）內部審計在公司治理中的作用還體現在內部審計還服務於其他治理主體。對於審計委員會而言，內部審計可以幫助審計委員會履行公司治理方面的職責，與審計委員會保持良好的關係能提供合適的環境和治理支持系統，有助於內部審計的執行與相關的治理活動。對於管理層而言，無論是出於遵循外部管制的需要，還是向委託人表明受託責任履行情況的需要，管理層都需要內部審計的幫助。對於外部審計人員來說，內部審計會影響外部審計的性質、時間和範圍等。外部審計人員在對企業進行審計時可能需要依賴內審人員的工作成果，甚至需要內審人員的直接協助。內部審計人員的協助對於審計的結論是十分重要的。

（3）內部審計可以有效地解決信息不對稱的問題。內部審計師對財務報告進行相對獨立的審計，能夠限制管理層對會計信息的編報和信息披露不充分的問題，降低管理層與投資者之間的信息失衡問題。內部審計可以最有效地監督公司信息的真實性，其基本宗旨之一就是通過審計手段向有關部門或人員提供真實的信息，可以降低信息不對稱的程度，也可對代理人形成間接的約束。

（4）內部審計既服務於治理主體，也服務於治理對象。內部審計在成為透視公司的窗口的同時，不可避免地要處理各種複雜的、競爭性的關係。因此，內部審計人員通過強化人際關係，加強全面溝通，加強與董事會、管理層及外部審計的有效溝通來避免各種衝突，從而更好發揮內部審計在公司內部治理機制中的作用。

風險的不確定性會對公司治理產生重大的威脅。公司治理程序的設計旨在對經理層執行的風險和控製過程加以監督。所以，內部審計有責任幫助經理層適時把握風險、有效履行風險管理職責，向風險管理領域

「項目經理層」努力。內部審計首先應該評估公司有無風險管理程序且是否有效；如果沒有，內部審計有責任通過詳細周密的調查和分析，積極協助風險管理體系的建立；如果已建立，那麼內部審計將負責定期評估風險管理過程的充分性和有效性，評估要點包括：

（1）考察風險報告程序與事項追蹤情況，評估違規或舞弊等事項是否被發現、逐級上報、定向追蹤並妥善處理。

（2）考察風險環境變化與學、風險識別技術支持等能力，幫助公司有效識別風險問題，適當調整方法或技術。

（3）內部審計還應積極支持並參與風險管理過程，例如對內部控製制度設計的充分性、合理性進行研究和建議，作為獨立的第三方，主動識別各部門內部的單一風險和各管理部門之間共同承擔的綜合風險，對風險管理過程進行管理和協調等。

四、完善公司治理對內部審計的促進作用

作為公司內部監督機構，內部審計受到公司治理狀況的影響。公司治理的環境，直接影響到內部審計機構的設置及有效運行。作為公司內部監督機構，公司治理環境決定著內部審計機構的實施環境，只有在正確的治理理念和完善的治理機制下，內部審計機構才能發揮其最大效用，其作用才會得到認同和支持。而公司治理環境惡劣，會直接影響到內部審計機構作用的發揮，影響內部審計人員的情緒和積極性。

公司治理與內部審計相輔相成，相互補充、互為促進。公司治理是保障內部控製的組織結構，內部審計是保障內部控製的管理機制；公司治理為內部審計創造了良好的環境，內部審計保障公司治理的完善和有效。內部審計能夠對公司治理行為的有效性起到質量上的保障作用，這種作用是其他監督體系無法替代的。

（1）內部審計在內部控製制度方面的職能進一步強化。《薩班斯法

案》頒布之後，公司內部控製的評價內容成為在美上市的公司年報的強制披露義務，內部審計職能通過內部控製這一領域再次得以強化，尤其是內部審計人員要在保證有效的內部控製和健全的財務報告方面發揮關鍵作用，內部審計在企業組織的重要性和影響力進一步提升。

（2）內部審計成為改善公司治理的重要基礎。在紐約證券交易所要求所有上市公司都要設立內部審計部門的環境下，內部審計部門與董事會、執行管理層、外部審計並列成為有效企業組織治理的四大基石。具體表現為：內部審計應該評價並改進組織的治理過程，為組織的治理做貢獻，從而推動組織道德和價值觀的良性發展；內部審計在確保實現組織目標和維護組織道德觀和價值觀的基礎上，要樹立風險管理與控製觀念；要保證董事會、管理層、外部審計和內部審計四個因素在企業組織治理過程中的協調。這些建議和要求為內部審計參與公司治理提供了廣闊的發展空間。

（3）內部審計活動涉及整個業務與管理流程。「安然事件」後，內部審計的地位的提高不僅僅表現在獨立性和權威性上，而且還表現在內部活動開始涉及整個業務與管理流程上。這些變化將使以往由內部審計機構對控製的適當性及有效性進行獨立驗證，發展為由企業整體對管理控製和治理負責。內部審計將從以前的消極地以發現和評價為主要的內部審計活動轉向積極地防範和解決問題；從事後發現內部控製薄弱環節轉向事前防範；從單純強調內部控製轉向積極關注、利用各種方法來改善公司的經營業績。

第二節　公司治理與內部審計模式

內部審計機構權利的配置、制衡、激勵和約束，對其作用的發揮具

有決定性的作用。公司治理是公司運作的基礎，它提供公司內部各項管理活動的環境，內部審計作為公司內部控製活動的一部分受到公司治理的制約，不同組織管理模式下，通過對內部審計機構權利的配置、制衡、激勵和約束的安排，使得內部審計發揮不同的效益、效率和效果。國內外內部審計機構設置模式主要有以下三種。

一、董事會主導的內部審計結構

股權分散的公司，股東會的控製力較弱，形成了以董事會為核心的治理結構。董事會包括代表股東利益的董事和代表其他利益主體的獨立董事，董事會上對股東會承擔治理責任和管理責任，下對經營者代理責任審計。董事會主導治理審計的前提是董事會在公司治理中具有核心作用，董事會的職能到位，董事會與經營者權力才會制衡合理。在以董事會為核心的控製體系中，可供選擇的治理審計途徑有：董事會直接領導內部審計、設立專職財務董事並開展財務審計授權財務總監領導內部審計、建立審計委員會、聘請獨立審計師等。董事會主導的治理審計主要開展財務審計和管理審計，財務審計是對經營者財務活動以及相關會計信息進行審計；管理審計是董事會對整個組織經營調研，以檢驗董事會的各種經營政策和要求是否成功地貫徹執行；促進組織與外部世界的聯繫更加緊密，經營更加有效，企業管理更有效率和更加穩定。

董事會領導內部審計：內部審計具有監督、評價、控製等職能。內部審計不僅僅是監督，還協助經營者加強控製、改善管理、提高經營效率。建立董事會領導下的內部審計制度，確立新的審計委託關係，通過內部審計實現對經營者再控製。「內部審計負責應由董事會一致同意確定，以增強其獨立性」（國際內部審計師協會，1993），由董事會直接領導內部審計，賦予審計部門較大的權力，可以對整個公司財務活動、經營活動進行審計，有利於審計職能的發揮、改善監控效果。在治理結構

規範的公司，董事長與總經理是分設的，內部審計由董事會領導是較為理想的模式。

董事會委派財務總監並授權其領導內部審計：由董事會決定財務總監人選，委派財務總監領導內部審計並對董事會負責。財務總監領導內部審計，可以加強對公司財務活動的審計控制。財務總監領導的內部審計必須與經營者主導的財務管理相獨立，這是實施審計控制的基本前提。

由獨立董事組成的審計委員會開展治理審計：大股東可以委派董事參與公司管理，開展審計監督；而小股東如何實現其治理權力，是被法律界、學術界、實業界關注的問題。建立獨立董事制度，是小股東和其他利益相關者行使公司治理權力的重要途徑。審計委員會的類型有兩種：一類是由獨立董事組成的審計委員會，另一類是由公司執行董事、管理人員組成的審計委員會。兩者在性質上不完全相同，前者是一種外部力量為主導的治理審計模式，後者是一種以內部力量為主導的治理審計模式，審計委員會在財務報告、公司治理、內部控制三個方面發揮功能。審計委員會不參與企業的決策，但審計委員會與內部審計之間關係密切，通過內部審計和外部審計開展的一系列活動促使經營者提供真實會計信息、有效地履行其管理職責。

英、美等國資本市場發達，有較為完善的經理人市場，法律制度健全。上市公司股權分散，股東會作用有限，甚至流於形式。在單層治理結構下，不設監事會，而是在董事會設置各種專門委員會進行專業化治理。審計委員會是普遍設置的委員會之一，其成員一般不少於 3 人。在美國，大公司普遍存在的現象是首席執行官（CEO）兼任董事長，經營者權力高度集中，公司治理屬於「市場控製主導型」，董事會所屬的審計委員會由獨立董事組成，是一種外部力量為主導的治理審計模式。審計獨立性是開展治理審計的基本保證，由獨立董事組成審計委員會，增

強了內部審計相對於管理部門的獨立性。

從20世紀40年代開始，美國證券管理部門、民間審計團體等，強調了在上市公司內部建立審計委員會的重要性。1972年，美國證券交易委員會發布了《會計公告》第123號，建議由獨立的外部董事組成審計委員會。1977年，紐約證券交易所正式要求，所有本國上市的股份公司，必須在1978年6月30日前建立和保持一個完全由獨立董事組成的常設審計委員會，作為其證券交易或繼續交易的條件，並要求審計委員會由能夠做出獨立判斷的董事組成，獨立於管理部門並不受任何其他關係影響。1987年，美國證券商協會要求所有納斯達克（NASDA）上市公司必須設立絕大部分成員為獨立董事的審計委員會。英國、加拿大、新加坡等國的公司法要求所有上市公司設立審計委員會。例如，杜邦公司審計委員會由6名獨立董事組成，經股東大會同意，審計委員會有權聘請獨立審計師，由獨立審計師對管理當局財務活動及相關會計信息進行審計、對管理績效進行評價。

各國審計委員會的職責不完全相同，但差異不大，一般包括三個大的方面：財務報告、公司治理、內部控制。具體工作有：對公司財務報告過程進行監督並審查財務報告；選擇獨立審計師，在審計工作開始前，與獨立審計師討論審計目的、範圍和程序，並評價獨立審計師工作及其能力；對內部審計負責人考核、評價，指導內部審計，就內部審計、外部審計和內部控制中的重要問題進行磋商，向董事會報告工作；評價財會人員能力，評價管理當局績效。獨立董事組成審計委員會，目的是協助董事會瞭解有關法律和公司內部審計等問題，提請董事把注意力集中到會計控制、審計控制和財務管理方面，使董事會審計控制功能得以發揮。「長期以來，作為財務報告過程、內部控制系統和公司行為準則的監督者，審計委員會的作用得到了加強」（永道會計公司，1993），在英、美等國，總的趨勢是審計委員會的職責範圍逐漸擴大。

由執行董事和管理人員組成的審計委員會開展治理審計：在有些國家，法律法規對審計委員會的構成沒有強制要求，而是根據公司治理和管理控製需要，以執行董事和管理人員為主建立審計委員會，由審計委員會開展治理審計，這是一種以內部力量為主的治理審計模式。在中國，有許多公司已經認識到審計委員會的重要性，在董事會設立了公司管理人員為主的審計委員會。審計委員會領導的內部審計不斷調整其審計戰略以達到審計控製目的。內部力量為主導的審計委員會，審計控製功能發揮的關鍵是保持其獨立性。

二、監事會主導的內部審計結構

以德國、日本、奧地利、中國等為代表的公司體系要求建立雙層治理結構，這些國家對於監事會職責的法律規定不完全相同，其中德國股份公司監事會最具特色。德國股份公司有監事會、執行董事會，但不設立審計委員會，是一種雙層垂直治理組織結構，由監事會決定執行董事會人選，是以內部治理審計為主導的審計模式，與英、美等國外部力量為主導的治理審計模式完全不同。德、日等國公司治理審計的共同特點是，治理審計包括監事審計、獨立審計師審計兩部分，而在實質上，德、日公司治理審計存在明顯區別。

德國股份公司以監事會為中心的治理機制有兩大特點：一是職工對公司監控的參與程度很高，人力資本在治理機制中佔有重要地位，人力資本與貨幣資本有機結合，使得公司決策比較公開，有利於對經營者進行監督。公司各利益相關者結成長期契約關係，有助於保持長期合作，成為一種現實而又可行的共同治理模式。二是銀行作為公司的主要股東或資金提供者，是公司治理的核心。監事會有權聘任或解聘經理、財務負責人和其他高級管理人員，因而是由股東、公司職工真正行使監督權與控製權的機構。

德國公司監事會是公司治理的中心，因而形成了以監事會為核心的治理審計模式。德國公司監事會的職責與日本以及中國監事會有明顯不同，監事會下設執行董事會，執行董事會對監事會負責。德國《股份公司法》規定，監事會是公司股東、職工利益的代表，是公司的監督機構，具有任免執行董事會成員和主席的權力；監督執行董事會成員是否按公司章程行使經營權；對資本增減、籌資與投資等重要財務事項進行決策；審核帳簿、核對資產，並在必要時召開股東大會。在監事人選和監事會組成上，監事會成員由股東大會選舉的監事、委派監事和職工監事組成，其中股東選舉監事、職工監事在比例上有明確規定，監事會主席由監事會成員選舉。在監事會成員專業知識和能力上有明確規定，要求有比較突出的專業特長和豐富的管理經驗。監事對經營者審計的目的是維護股東和職工利益，總體上促進企業安全有效經營、保護資產安全完整、保證會計信息合法。

三、監事會與董事會相結合的內部審計結構

日本和中國股份公司在雙層治理結構的法律框架內，分別建立董事會和監事會。監事會的主要職責是對董事和高級管理人員進行監察，對公司帳目進行檢查等。董事會既有權做出管理決策，又有權對經營者實施績效考核評價。監事會與董事會相結合的治理審計要求監事具有足夠的經驗、能力和專業背景，有能力獨立地對公司財務活動和帳目進行檢查。建立財務監事委派制度，由財會專業人員、審計人員擔任監事，在法律上賦予其權力，以保證其行使監督權為保證監事會的獨立性，應增加外部監事的比例，外部監事應占董事會人數的一定比例。

監事會與專職董事相結合的治理審計，由監事會和董事會對經營者的管理責任進行監督檢查，這一治理審計模式在日本股份公司被普遍採用。監事會是股份公司的機構之一，其任務是審查董事所執行的職務，

評價公司的管理行為和管理決策是否妥當；關注內部控製，特別是非法行為；檢查信息披露，評價財會人員職能履行等。日本《商法特例法》規定，監事會有權調查公司業務及財產狀況和帳目，審查董事職務履行和執行業務的狀況，檢查公認會計師（獨立審計師）的審計報告等。《證券交易法》規定，上市公司會計信息由公認會計師審計，監事具有參與選任或解任公認會計師的權限。日本公司監事會權力不及德國公司監事會，只有監督權，沒有決策權，在監事人選和監事會組成上，雖然日本監事制度是學習的德國，但日本《商法》要求公司股東大會選舉監事，監事必須由公司以外的人擔任。監事審計力度和監控效果不及德國，專職董事監控力量不及英、美等國獨立董事組成的審計委員會。這是日本公司治理的不足。日本許多大公司治理模式為「主銀行控製主導型」，銀行作為公司大股東或債權人，對經營者監控起著主導作用，主銀行通過公司往來帳戶、短期信貸、商業夥伴關係等途徑獲得經營信息和會計信息。主銀行作為公司的股東或債權人，常常派遣人員進入董事會，這些人員成為負責公司財務與計劃事務的專職董事（即財務董事）。實證研究結果表明，專職董事主要任務是檢查公司財務狀況，監控公司重組過程等。

　　監事會與董事會屬於審計委員會相結合的治理審計。在雙層治理結構的法律框架內，公司內部設立董事會、監事會，監事會對董事會負有監督職責。為了發揮董事會監控的功能，董事會中可以再設立審計委員會、財務委員會等專門委員會，幫助董事會開展專門工作。將決策權、執行權、監督權分離，並且相互制衡，防止經營者濫用權力。監事審計與審計委員會監督相結合，內部治理與外部治理相結合，無疑會增強監控力量。中國股份公司治理審計模式尚未成熟，可能的選擇之一是監事審計與審計委員會相結合的模式。中國《公司法》等法律法規賦予監事會的職責之一是定期檢查公司財務、對公司重大對外投資和對外支出進

行專項檢查等，並可在董事會設立專門委員會。中國現行監事會治理審計模式不能很好地履行審計控製職能，實踐中監事會不能保持獨立性，在已知現有治理審計模式效果不佳的情況下，「監事會+審計委員會」模式不失為一種值得嘗試的選擇。監事會與審計委員會相結合的治理審計模式要求監事會與審計委員會進行治理分工、協調，以避免機構重疊、工作重複。這一內部審計模式的選擇，主要是考慮法律法規的約束、公司治理的需要。

第五章　內部審計的機構與職責

第一節　內部審計的定義

　　內部審計本質上是管理職能的一部分，設立內部審計的初始目的是高層管理者為了監督和控制其下屬的不當行為（如偷懶、犯錯、舞弊等），評價其經濟活動的效果和效率，提高組織或公司的經營效率。隨著內部審計的發展，內部審計的目的開始轉化為監控公司風險，評價內部控制與風險管理的效果。內部審計作為公司內部的一種內在控制機制，為管理服務、協助管理當局完善公司的內部管理，降低公司的成本支出，從而實現公司利益最大化是其最基本的目標。

一、內部審計的定義

　　國際內部審計師協會（The Institute of Internal Auditors，IIA），自1941年成立至今已經70餘年民，期間共發布了七個內部審計定義。這些定義的修改和發展，記錄了內部審計前進的足跡，從中我們可以得到一些啟示。

　　（一）前六次定義回顧

　　1947年第一次定義：「內部審計是建立在審查財務、會計和其他經

營活動基礎上的獨立評價活動。它為管理提供保護性和建設性的服務，處理財務與會計問題，有時也涉及經營管理中的問題。」該定義明確指出內部審計的職責是，內部審計要「為管理提供保護性和建設性的服務」。內部審計不僅要「處理財務與會計問題」，也要處理公司「經營管理中的問題」。

1957 年第二次定義及 1971 年第三次定義均指出，「內部審計……為管理者提供服務，是一種衡量、評價其他控製有效性的管理控製」。在內部審計職責問題上，與 1947 年的定義相比較，1957 年、1971 年的定義有所放寬，即內部審計的職責是「為管理提供服務」，至於提供何種服務，當然取決於管理的要求。

1978 年第四次定義：「內部審計是建立在檢查、評價組織為基礎的獨立評價活動上的，並為組織提供服務。」

1990 年第五次定義：「內部審計工作是在一個組織內部建立的一種獨立評價職能，目的是作為對該組織的一種服務工作，對其活動進行審查和評價。」與 1971 年的定義相比，1990 年的定義將內部審計的職責由「為管理者提供服務」改為「為組織提供服務」，提高了內部審計在組織中的地位，擴大了內部審計的服務範圍。當然，這不是要排斥內部審計為管理服務，而是要讓內部審計站在整個組織的立場上觀察和評價問題，為組織長遠的、全局的利益服務。

1993 年第六次定義：「內部審計是一個組織內部為檢查和評價其活動和為本組織服務而建立的獨立評價活動，它要提供所檢查的有關活動的分析、評價、建議、諮詢意見和信息，協助該組織的管理成員有效地履行其職責。」這一定義明確指出，內部審計的職責是「協助該組織的管理成員有效地履行他們的職責」，從而解決了為組織服務是為誰服務的問題。

(二) 最新的定義

2001 年第七次定義：「內部審計是一種獨立、客觀的確認和諮詢活動，旨在增加價值和改善組織的營運。它通過應用系統的、規範的方法，評價並改善風險管理、控製和治理過程的效果，幫助組織實現其目標。」這是截至目前 IIA 對內部審計最新的定義。

2003 年 6 月，中國內部審計協會發布《內部審計準則》，做出定義：「內部審計是指組織內部的一種獨立客觀的監督和評價活動，它通過審查和評價經營活動及內部控製的適當性、合法性和有效性來促進組織目標的實現。」

內部審計和國家審計（政府審計）、社會審計（事務所審計、獨立審計）並列為三大類審計。

二、內部審計新定義的內涵

IIA（國際內部審計師協會）在 1999 年對內部審計提出了最新定義。最新的定義包括以下內涵。

內部審計的本質是一種「確認和諮詢活動」。新定義通過強調內部審計的範圍，包括確認與諮詢活動，把內部審計設計成主動的以客戶或公司為中心的活動，其關注的關鍵問題是控製、風險管理與治理過程。內部審計的主要職責是確認和諮詢，通過確認和諮詢職能的發揮，以服務於公司的最終目標——增加價值。內部審計的基本職責是為公司增加價值並改善公司的營運。「增加價值」一詞是第一次列入定義，強調了內部審計要為加強公司管理服務、為公司決策服務和為提高公司經濟效益服務。內部審計活動在收集資料、識別並評價風險的過程中，比較其他公司成員，對公司如何創造價值可能會產生更為深刻的見解。內部審計活動應將這些有價值的信息以諮詢、建議、書面報告或其他產品形式呈現出來，為相應的經營管理人員提供幫助。

而要想「增加價值」，內部審計必須加強對內部控製、風險管理和治理過程的評價，即對內部控製與風險管理進行審計是內部審計的核心內容。傳統的管理將注意力放在個別控製系統和經營機制上，而現代管理則強調總體管理概念，把總體管理控製系統與公司的長遠目標聯繫起來；把一旦達不到目標與可能發生的風險聯繫起來。因此，評價和改進風險管理、控制和治理過程，就必然成為內部審計的一項重要職責。可見，內部審計的範圍和內容比以前大大拓寬，這也反應出了內部審計的責任更重、地位更高。內部審計活動通過收集經營過程的資料，查明和評估公司在經營過程中存在的問題和風險，以保證各項規章制度和管理指令得到及時有效貫徹執行；通過對公司外部環境尤其是市場的瞭解，用自己的專業知識進行判斷，並將有價值的信息報告給管理層。管理層採納、利用這些有價值的信息後，一方面可借此消除各種減值因素如控製漏洞、風險因素、治理缺陷等；另一方面可將這些有價值的信息用於經營管理活動，從而創造出超出預期價值的公司價值。

內部審計的特點是獨立和客觀。內部審計要完成以上職能，必須是獨立的機構，只有獨立的機構才能做到客觀的評價。因此，獨立是客觀的保證。從 1947 年第一個定義開始，IIA 一直堅持內部審計是一種「獨立的評價活動」。在實務標準中客觀性是置於獨立性之下的。但在新定義中獨立性和客觀性是並列的。這樣的表述表明 IIA 在仍然關注獨立性的同時，也傾向於使用「客觀性」一詞來表達內部審計的可信度。但獨立性這個概念在實際工作中受很多因素的影響。內部審計的獨立性是相對的，內部審計活動不能片面地去追求更多的獨立性。其實內部審計之所以能發揮更大的作用，能為公司創造更多的價值，主要在於它進行的分析和提出的建議是實事求是、客觀公正、為公司長遠發展考慮。

從這些定義的變化中我們看到國際內部審計前進的足跡。70 多年來，理論界和實務界對內部審計的作用、地位和職責的認識和期望，已

經發生了深刻的變化：內部審計的方法內容從審查財務、會計到評價和改進控製、風險管理和治理過程；它的目標從為管理服務到為公司實現其目標服務；它的職責從查錯揭弊到為公司增加價值；它的特徵從查錯揭弊型審計轉變為增值型審計。

三、內部審計與外部審計的聯繫與區別

內部審計與外部審計相比，共同點為掌握基本的審計技術，審計結果可能存在相互借鑑。主要區別如下：

1. 獨立性不同

根據 IIA，國際內部審計師協會於 2011 年發布的 IPPF 內部審計實務框架第 1,100、1,110 章節，內部審計的獨立性包含兩方面，一方面是指內審人員履職時免受威脅，另外一方面指審計組織機構的獨立，即與董事會的匯報關係的獨立。相比外部審計常用的《獨立審計準則》，因兩者的目標不同和服務對象不同，導致兩者獨立性不相同。

2. 兩者的審計目標不同

外部審計的目標常常受到法律和服務合同的限制，如常見業務——財務報表審計的目標是對財報的合法性、公允性做出評價，而內部審計的目的是評價和改善風險管理，控製公司治理流程的有效性，幫助企業實現其目標。

3. 兩者關注的重點領域不同

外部審計關注的重點領域受到法律和合同的指定，例如財務報表審計中，外部審計主要側重點是會計信息的質量和合規性，也就是對財報的合法性、公允性做出評價。而內部審計主要側重點是經濟活動的合法合規、目標達成、經營效率等方面。

4. 業務範圍不同

外部審計的業務範圍受到法律和合同的指定，如財務報表審計、內

部控製審計、鑒證審計、盡職調查等業務。而內部審計是以企業經濟活動為基礎，拓展到以管理領域為主的一種審計活動。

5. 審計標準不同

內部審計的標準是非法定的公認方針和程序，如 IPPF；外部審計的標準是法定的獨立審計準則和相關法律法規。

6. 專業勝任能力要求不同

內部審計要求具備較高的管理知識水平，由於內部審計的目標是幫助企業實現其目的，改善機構運作並增加價值，故要求內部審計人員具備較高的管理知識與水平。

四、內部審計的主要內容

內部審計針對不同的行業和領域表現出特定的審計內容。

（一）對醫療衛生行業

1. 醫療收費監控

在系統中預設醫療收費物價考核指標標準，對醫療收費系統進行實時跟蹤、監督。如果醫療收費系統的處理出現背離相應標準指標的情況，這些數據就會在監控程序中向監督人員發出信號或消息。

2. 醫療設備監控

系統可以對大型醫療設備的使用情況進行監督，再結合醫療收費監控，可以對大型醫療設備的收費進行控製，防止醫療設備漏費、私收費現象的發生；同時，方便醫院領導對大型醫療設備的使用及收入情況進行瞭解。

3. 藥品物價監控

系統中藥品物價實時監控，是通過相關監控程序對庫存系統中日常核算數據進行實時跟蹤、監督來實現的。如果庫存核算系統的處理出現背離監控界限或參數的情況，這些數據就會在監控程序中向監督人員發

出信號或消息。

(二) 對行政事業單位

1. 預算執行監控

系統具有自動讀取預算系統的功能，根據設定的預算項目和財務數據的對應關係，實現財務數據與預算數據、財務指標與預算數據、預算指標的對比分析和穿透式查詢，找出差異的原因，並對預算執行情況進行預警定義，實現多種等級的預警提示。

2. 專項經費監控

通過設定專項經費來源總額和分項金額以及支出總額和分項金額來檢查專項經費的來源和支出的執行情況，檢查收支執行情況是否存在超支現象，檢查專項經費支出是否存在串戶和不規範核算的情況。

(三) 對製造行業

1. 存貨庫齡監控

通過對原材料、半成品、庫存商品等存貨的庫存業務進行監控，及時反應企業的庫存結構、資金占用、積壓數量、積壓時間，使企業庫存管理人員能及時掌握、調整庫存週轉頻率、盤活積壓資金，既保障庫存物資及時供應生產的需求，又防止過度積壓，提高資金使用效率。

2. 銷售業務的監控

通過對銷售業務的監控，使銷售數據在系統中實時更新，這樣可以及時對銷售的收入、單位成本、單位利潤等銷售數據進行分析，使企業管理人員能及時掌握市場狀況，尤其是同一產品在不同市場的銷售價格等情況，以便做進一步的市場戰略調整。

3. 財務監控

系統中財務系統的實時監控，是通過相關監控程序對財務核算系統中日常核算數據進行實時跟蹤、監督來實現的。如果財務核算系統的處理出現背離審計界限或參數的情況，監控程序會自動向審計人員發出預

警信號或消息。

4. 財務規範性控製

（1）現金收支監控：可以根據定義的現金收支檢查公式進行監控。

（2）異常憑證監控：審計人員可以根據會計制度和內部財務制度的規定自行定義異常憑證中的科目對應關係，憑證發生時系統可以及時提示並記錄這些異常對應關係憑證，並提示這些異常憑證所涉及的內控製度缺陷。

5. 財務分析監控

可以允許設置以及組合財務分析工具提供的方法，定義分析的標準，以及違反標準的結論，形成具體的分析方案，並且每一條分析，可以預先設置其分析結果，通過分析的結果可以發現管理過程中發生的問題。

6. 經濟指標監控

可以通過系統定義好的經濟指標，設置指標數值範圍、指標數值趨勢、指標同比數、指標預算數的控製。

7. 大額收支監控

通過對現金、銀行存款帳戶大額收支監控限額的設定，當收支的金額過大或數量過多時，監控程序會自動向審計人員發出預警信號。

8. 審計作業監控

幫助審計工作人員依照法律規定和企業授權開展審計監督作業，實時監控，及時預警和查處違法違規問題。

9. 重大疑點監控

通過設置疑點分類監控的方法，將在審計作業過程中發現的審計疑點根據重要性原則進行監控提示，幫助審計主管明確審計詳查的方向。

10. 重大違規金額監控

通過設置違規金額分類標準的方法，監控在審計作業過程中查清的

違規金額，幫助審計主管根據重要性原則進行監控提示，提示審計主管審計項目在違規金額方面的重大程度。例如，違規金額超過 10 萬元以上時系統向審計人員發出監控預警信息。

11. 違規問題監控

通過對違規問題設置重要性標準，監控在審計作業過程中違規問題的屬性和重要性，幫助審計主管判別問題嚴重性程度，提示審計主管審計項目在違規問題方面的嚴重程度。例如，違規問題屬於貪污或小金庫等嚴重違法違規時，系統向審計人員發出監控預警信息。

第二節　內部審計機構

最高審計機關國際組織在第七屆、第八屆、第九屆、第十二屆等會議上，系統而深入地討論了國家最高審計機關與內部審計機構之間的關係，並形成了決議，寫入了有關的「指南」或「聲明」之中。其主要精神有：最高審計機關應系統地、不斷地促進其審計範圍內各機構的內部審計制度和內部審計機構的建立和完善；內部審計機構應當從屬於所在單位領導，但應盡可能在組織機構方面保持它在職能上和組織上的獨立性。特別要強調內部審計機構應直接向其單位領導負責的重要性。內部審計是內部控製的一個重要方面但又有所區別，內部審計工作包括對經營管理及其結果的審計。為保證內部審計制度和機構能有效地發揮作用，可由最高審計機關制定原則和一般的規則、規章，要求或者建議受其審計的內部審計的工作效果，如果不與國家法律相抵觸的話，最高審計機關在其給議會的報告中應寫入它們對內部審計工作效率、工作量及其結果的評價。雖然最高審計機關與內部審計在目標上是有差別的，但它們之間應有緊密的工作關係，為了避免不必要的工作重複，它們之間

應進行多方面的情況交流，包括專業交流、最高審計機關對內部審計要給予特殊信賴，以及幫助內部審計開展專業人員培訓工作等。

中國《審計法》第29條中指出：「……各部門、國有的金融機構和企業事業組織的內部審計，應當接受審計機關的業務指導和監督。」

中國的內部審計機構，是指根據審計法有關規定，國務院各部門和地方人民政府各部門，國有的金融機構和企業事業組織，應當按照國家有關規定建立健全內部審計制度。內部審計機構在本部門、本單位主要負責人的直接領導下，對本部門行業、本單位及其所屬單位進行內部審計監督。各部門、國有的金融機構和企業事業組織的內部審計，應當接受審計機關的業務指導和監督。

一、內部審計機構設置

（一）內部審計機構設置依據

根據審計法和《審計署關於內部審計工作的規定》，國務院各部門和地方人民政府各部門、國有的金融機構和企業事業組織，以及法律、法規、規章規定的其他單位，依法實行內部審計制度，並在下列單位設立獨立的內部審計機構：

（1）審計機關未設派出機構，財政、財務收支金額較大或者所屬單位較多的政府部門；

（2）縣級以上國有金融機構；

（3）國有大中型企業；

（4）國有資產占控股地位或者主導地位的大中型企業；

（5）國家大型建設項目的建設單位；

（6）財政、財務收支金額較大或者所屬單位較多的國家事業單位；

（7）其他需要設立內部審計機構的單位。

上述單位可以根據需要，設立總審計師。

《中華人民共和國審計法》第29條規定：「國務院各部門和地方人民政府各部門、國有的金融機構和企業事業組織，應當按照國家有關規定建立健全內部審計制度。」內部審計制度，是部門、單位健全內部控制，審查財政、財務收支，改善經營管理，提高資金使用效率，提高經濟效益或者工作績效的一項重要的管理控製制度。

在中國實行內部審計制度，有利於企業通過內部審計來檢查和評價內部各單位履行經濟責任的狀況，加強內部管理和控製，挖掘內部潛力，提高經濟效益，增強競爭能力，維護自身的合法權益；有利於其他佔有和使用國有資產的部門和單位，通過內部審計來保障國有資產的安全完整，改善和提高國有資產的利用效果和效率；有利於國家通過內部審計促使各部門、各單位加強對國有資產的經營或管理，以鞏固和發展國有經濟。

(二) 內部審計機構設置單位

其他審計業務較少的單位，可以設置專職內部審計人員。根據內部審計機構設置的範圍，中國內部審計機構包括部門內部審計機構和單位內部審計機構。部門內部審計機構，指國務院和縣以上地方各級政府按行業劃分的業務主管部門設置的專門審計機構。單位內部審計機構，指國有金融機構、國家企業事業等單位設置的專門機構。

中國內部審計機構在本單位主要負責人的直接領導下，依照國家法律、法規和政策，以及本部門、本單位的規章制度，對本單位及所屬單位的財政、財務收支及其經濟效益進行內部審計監督，獨立行使內部審計監督權，對本單位領導負責並報告工作。關於企業內部審計機構的領導體制，國內外基本有三種類型：一是受本單位總會計師或主管財務的副總經理領導，二是受本單位總經理（廠長）或總裁領導，三是受本單位董事會或其下屬的審計委員會領導。事業單位及行政機關的內審機構則由最高管理者領導或其他副職領導。

二、內部審計機構的獨立性地位

獨立性是借助其在組織中的地位、目的和客觀性實現的。內部審計機構在組織中的地位，應足以保證其履行審計職責。內部審計機構在組織中的地位，以及管理部門對它的支持，是內部審計活動受到重視的決定性因素。內部審計要獲得涉及整個單位各環節工作的信息，並要取得高層次的保密資料；內部審計要向高級管理人員報告工作，要和他們保持經常的聯繫並取得他們的信賴，以助於得到他們持續不斷的支持；內部審計要與中層管理人員保持聯繫與平等地位，並要求他們貫徹審計意見，等等。這就需要內部審計機構在單位處於較高的地位，接受部門或企業中一個有權力的高級行政管理人員的領導，而不能屬於哪一個部門的領導。內部審計機構在單位中的地位越高，並且能與所依靠的領導保持非常密切的聯繫，就越有利於它與其他業務部門保持一種平等的、無間隙的關係，從而使其工作責任的重要性得到公認。

內部審計機構除了應具有必要的獨立性以外，在業務工作上還應得到必要的指導和監督。

內部審計機構的建立，一定要報經單位最高管理組織或主管部門批准。其規模大小，主要根據單位職工人數、經營規模、業務性質及複雜程度、經營管理狀況與收益狀況確立；人員編制，主要取決於審計任務的輕重及複雜程度。內部審計的組織結構，一是與企業的資源及所處的地理環境有關，二是與業務性質和業務範圍有關，三是與內部審計職能作用有關，四是與計劃編制人數有關。

三、內部審計機構設置原則

1. 獨立性原則

儘管內部審計是相對獨立的，但獨立性是內部審計的基本特徵，設

立內部審計機構必須符合審計獨立性的要求。無論是部門中的還是企業單位中的內部審計機構，都必須保持其在組織上和業務上的獨立性。既不能把內部審計機構附設在財務部門中，也不能附設在其他職能部門中，否則，就喪失了它的獨立性，就難以客觀公正地進行審計。獨立性是內部審計機構設置的前提要求。

2. 專職高效原則

所謂專職，是指內部審計部門及人員應該是專門從事審計工作的機構和人員，它完全置身於其他具體的業務活動之外。所謂高效，是指內部審計機構的設置應該精幹，因事納人。專職高效是內部審計機構設置的基本要求。

3. 權威性原則

只有具有一定的權威，才能順利開展內部審計工作。審計署在《關於內部審計工作的規定》中指出，內部審計是國家授予的權力，部門、單位在設立內部審計機構時，應就內部審計的職責和權限做出明確規定，並強調內部審計的權威性，以利於工作的進行。內部審計機構自身也要通過審計成果的科學性來增強其權威性。

內部審計機構，從事著一個組織內部的獨立審計活動，它的基本任務是對全部管理職能進行系統的檢查和評價，向管理部門報告關於內部管理的方針、實務和控製是否具有效率性、經濟性和效果性。具體任務一般包括以下五個方面：

（1）審查本單位和所屬單位的財政、財務收支及其有關的經濟活動是否符合國家規定；

（2）保護國家和單位的資產安全完整，不受損失；

（3）檢查和評價內部控製制度是否健全和有效；

（4）促進本單位做出的有關決策和制定的措施得到貫徹和落實；

（5）促進提高工作績效、經濟效益或資金的使用效果。

第三節　內部審計的特徵與作用

內部審計機構能否有效地進行審計監督，與內部審計機構在組織中的地位、權力、責任及其人員與管理能力等方面的條件是相關的。內部審計機構必須處在較高的地位，同時得到領導者有效的支持；內部審計機構必須要有廣泛的活動範圍及一定的權力；內部審計機構必須配備合適的人員和選用科學的管理方法。這些條件中最關鍵的是內部審計機構和人員要具有一定的獨立性，它決定著內審工作的效果。內部審計機構應該具有不受約束、客觀地進行工作的實質上的獨立性。一定程度的獨立性對於內部審計機構提供完整的、公正的審計結果、意見和建議是完全必要的。在內部審計關係上，獨立性是審計人員與被審計單位之間關係的特性，它保證審計人員的審計發現和審計報告僅僅只受取證的影響和審計準則、職業訓練原則的影響。

一、內部審計的特徵

內部審計是由部門、單位內設的從內部對其財務收支的真實性、合法性和效益性進行的審計監督的審計機構。內部審計具有不同於外部審計的特徵，並在經濟發展中發揮著獨特的作用。

1. 服務的內向性

內部審計的目的在於促進本部門、本單位經營管理和經濟效益的提高，因而內部審計既是本單位的審計監督者，也是根據單位管理要求提供專門諮詢的服務者。服務的內向性是內部審計的基本特徵。內部審計一般在本單位主要負責人領導下進行工作，只向本單位領導負責。

2. 工作的相對獨立性

內部審計同外部審計一樣，都必須具有獨立性。一方面，在審計過程中必須根據國家法律法規及有關財務會計制度，獨立地檢查、評價本部門、本單位及所屬各部門、各單位的財務收支及與此相關的經營管理活動，維護國家利益。另一方面，由於內部審計機構是部門、單位內設的機構，內部審計人員是本單位的職工，這就使內部審計的獨立性受到很大的制約。特別是遇到國家利益與部門、單位利益衝突的情況下，內部審計機構的獨立決策可能會受到本單位利益的限制。

3. 審計程序的相對簡化性

內部審計的程序主要包括規劃、實施、終結和後續審計四個階段。由於內部審計機構對本部門、本單位的情況比較熟悉，在具體實施審計過程中，各個階段的工作都大為簡化。一是規劃階段中的許多工作，往往可以結合日常工作進行，從而使規劃工作量得以減少，時間也大為縮短。審計項目計劃通常由內部審計機構根據上級部門和本部門、單位的具體情況擬定，並報本部門、單位領導批准後實施。二是內部審計的實施過程，針對性比較強，許多資料和調查都依賴內部審計人員的平時累積。三是內部審計機構提出審計報告後，通常由所在部門和單位出具審計意見書或做出審計決定。四是被審計單位對審計意見書和審計決定如有異議，可以向內部審計機構所在部門、單位負責人提出。

4. 審查範圍的廣泛性

內部審計主要是為單位經營管理服務的，這就決定了內部審計的範圍必然要涉及單位經濟活動的方方面面。內部審計既可進行內部財務審計和內部經濟效益審計，又可進行事後審計和事前審計；既可進行防護性審計，又可進行建設性審計。一般應做到：本部門、本單位的領導要求審查什麼，內部審計人員就應審查什麼。

5. 對內部控製進行審計

內部審計是內部控製的重要組成部分，內部控製又是內部審計的主要內容。通過對本部門、本單位的內部控製制度及經營管理情況的檢查，總結經驗，找出差距，為本部門、本單位改進經營管理、完善內部控製制度服務。這是內部審計的基本職能，體現了內部審計「對內部控製進行審計」的特徵。

6. 審計實施的及時性

內部審計機構是本部門、本單位的一個機構，內部審計人員是本部門、本單位的職工，因而可根據需要隨時對本部門、本單位的問題進行審查。一是可以根據需要，簡化審計程序，在本部門、本單位負責人的領導下，及時開展審計；二是可以通過日常瞭解，及時發現管理中存在的問題或問題的苗頭，並且可以迅速與有關職能部門溝通或向本部門、本單位最高管理者反應，以便採取措施，糾正已經出現和可能出現的問題。

二、內部審計的作用

內部審計的作用是隨著內部審計的內容、範圍、職能的發展而逐漸體現的。在社會主義市場經濟條件下，內部審計具有雙重任務：一方面，要對部門、單位的經營活動進行監督，促使其合法合規；另一方面，要對部門、單位的領導負責，促進經營管理狀況的改善、經濟效益的提高。具體地說，內部審計的作用主要包括以下五個方面：

1. 監督各項制度、計劃的貫徹情況，為本部門、本單位領導經營決策提供依據

現代內部審計已經從一般的查錯防弊，發展到對內部控製和經營管理情況的審計，涉及生產、經營和管理的各個環節。內部審計不僅可以確定本部門、本單位的活動是否符合國家的經濟方針、政策和有關法

令，也可以確定部門內部的各項制度、計劃是否得到落實，是否已達到預期的目標和要求。通過內部審計所收集到的信息，如生產規模、產品品種、質量、銷售市場等，或發現的某些具有傾向性、苗頭性、普遍性的問題，都是領導做出經營決策的重要依據。

2. 揭示經營管理薄弱環節，促進部門、單位健全自我約束機制

在社會主義市場經濟條件下，各部門、單位的活動不僅要受到國家財經政策、財政制度和法令的制約，而且要遵守本部門、本單位內部控製制度的規定。內部審計機構可以相對獨立地對本部門、單位內部控製情況進行監督、檢查，客觀地反應實際情況，並通過這種自我約束性的檢查，促進本部門、本單位建立、健全內部控製制度。

3. 促進本部門、本單位改進工作或生產方式，提高經濟效益

內部審計通過對經濟活動全過程的審查，對有關經濟指標的對比分析，揭示差異，分析差異形成的因素，評價經營業績，總結經濟活動的規律，從中揭示未被充分利用的人、財、物的內部潛力，並提出改進措施，可以極大地促進經濟效益的提高。

4. 監督受託經濟責任的履行情況，以維護本部門、本單位的合法經濟權益

同外部審計一樣，所有權與經營權的分離是內部審計產生的前提，確定各個受託責任者經濟責任履行情況也是內部審計的主要任務。內部審計通過查明各責任者是否完成了應負經濟責任的各項指標（諸如利潤、產值、品種、質量等），這些指標是否真實可靠，有無不利於國家經濟建設和企業發展的長遠利益的短期行為等，既可以對責任者的工作進行正確評價，也能夠揭示責任人與整個部門、單位的正常權益，有利於維護有關各方的合法經濟權益。

5. 監控財產的安全，促進部門、單位財產物資的保值增值

財產物資是部門、單位進行各種活動的基礎。內部審計通過對財產

物資的經常性監督、檢查，可以有效及時地發現問題，指出財產物資管理中的漏洞，並提出意見和建議，以促進或提醒有關部門加強財產物資管理，努力保證財產物資的安全完整並實現保值、增值的目的。

第四節　內部審計機構的職責與權限

一、內部審計機構的職責

內部審計機構不是簡單的、機械的信息反饋系統，而是除檢查和評價之外，還要深入研究改進的措施，以便提出合理的建議。因此，對本單位及所屬單位下列事項都要進行深入地審計。

（1）對本單位及所屬單位（含占控股地位或者主導地位的單位，下同）的財政收支、財務收支及其有關的經濟活動進行審計；

（2）對本單位及所屬單位預算內、預算外資金的管理和使用情況進行審計；

（3）對本單位內設機構及所屬單位領導人員的任期經濟責任進行審計；

（4）對本單位及所屬單位固定資產投資項目進行審計；

（5）對本單位及所屬單位內部控製制度的健全性和有效性以及風險管理進行評審；

（6）對本單位及所屬單位經濟管理和效益情況進行審計；

（7）法律、法規規定和本單位主要負責人或者權力機構要求辦理的其他審計事項。

內部審計機構對本部門、本單位與境內外經濟組織興辦合資、合作經營以及合作項目等的合同執行情況，投入資金、財產和經營狀況及其

效益，依照有關規定，進行內部審計監督。部門內部審計機構可以對行業經濟管理中的重要問題開展行業審計調查。

基於內部審計機構具有內向性、廣泛性和及時性等特點，為了適應市場經濟不斷發展的需要，內部審計機構應充分利用自己的優勢，在促進單位內部控製制度建設的基礎上，積極地拓展經濟效益審計。由經營項目審計入手，逐步開展經濟性、效率性、效果性審計，以及管理決策等方面的審計。提高本部門、本單位的工作績效和經濟效益應逐步成為中國內部審計機構的主要工作目標。

二、內部審計機構的權限

部門、單位的管理當局應當給內部審計人員提供充分接近單位組織的一切記錄、財產和有關人員的權力；內部審計機構應無約束地去審查和評閱單位政策、計劃、程序和記錄。根據內部審計工作規定第11條，在審計管轄範圍內，內部審計機構有以下主要權限：

（1）要求報送資料權。根據內部審計工作的需要，要求有關單位及時報送計劃、預算、決策、報表和有關文件、資料等。

（2）審核檢查權。即審核憑證、帳表、決策資料，檢查資金和財產，檢測財務會計軟件，查閱有關文件和資料。

（3）參加會議權。內部審計機構及其有關人員有權參加本部門、本單位召開的與審計有關的會議及重要的經營決策會議。

（4）調查取證權。對審計涉及的有關事項進行調查，並索取有關文件、資料等證明材料。

（5）臨時制止權。對正在進行的嚴重違反財經法規、嚴重損失浪費的行為，經部門或者單位負責人同意，做出臨時制止決定。

（6）臨時措施權。對阻撓、妨礙審計以及拒絕提供有關資料的，經單位領導人批准，可以採取必要的臨時措施，並提出追究有關人員責任

的建議。

（7）建議意見權。內部審計機構有權提出改進管理、提高效益的建議和糾正、處理違反財經法規行為的意見。

（8）建議反應權。對嚴重違反財經法規和造成嚴重損失浪費的直接責任人員，內部審計機構有權提出處理的建議，並按有關規定，向上級內部審計機構或者審計機關反應。

部門、單位可以在管理權限範圍內，授予內部審計機構處理、處罰的權限。

第五節　國際內部審計組織（IIA）

國際內部審計師協會（The Institute of Internal Auditors，IIA）是世界範圍的內部審計師組織。該協會1941年成立於美國紐約，在聯合國經濟和社會開發署處於顧問地位，是最高審計機關國際組織的常任觀察員，是國際政府財政管理委員會、國際會計師聯合會的團體會員。IIA通過職業道德、準則、證書和專業發展四個方面來實現其對全球內審職業的自我調控。協會現有196個分會，分佈在120多個國家和地區。中國內部審計學會（中國內部審計協會前身）於1987年加入該協會，成為國家分會。IIA現有全球會員七萬多人。

IIA自1974年起在全球指定地點舉行註冊內部審計師資格考試，給考試合格者頒發註冊內部審計師證書，授予「註冊內部審計師」稱號。1998年中國內審協會與IIA簽訂協議，將IIA在國際上舉辦的國際註冊內部審計師考試引入中國，並取得成功。

中國內部審計協會前身為中國內部審計學會，成立於1987年。1998年審計署同意，並報民政部批准，學會更名為協會，成為對國內審

計機構進行行業自律管理的全國性社會團體組織。中國內部審計協會於1987年加入 IIA，成為 IIA 的國家分會。

一、國際內部審計師協會（IIA）的組織形式

內部審計的國際化必然促進國際上非政府的國際審計組織的形成與發展。國際內部審計師協會（IIA）是三大國際審計協調組織之一，其誕生、成長與發展歷程在前文中已介紹，它是內部審計國際化、規範化與職業化的必然結果。國際內部審計協會旨在全球範圍內全面開展內部審計專業活動，加強各國內部審計師之間的聯繫，交流內部審計信息和經驗，促進內部審計事業的發展，其座右銘是，「經驗分享，共同進步」「加強內部審計全球化建設」。國際內部審計師協會的機構主要有理事會、執行委員會、國際委員會和總部。

1. 理事會

理事會是國際內部審計師協會的最高領導機構，由執行委員會委員、大區組織和地區組織的主任和一般主任組成。他們是來自各行各業的內部審計師，作為志願者為協會無償服務，任期1年。理事會的主要職責是審批協會工作計劃、預算、聽取各委員會提出的建議，指導協會的工作。

2. 執行委員會

執行委員會由理事會主席、第一副主席、三位副主席、國際秘書、國際司庫、三名近期前任理事會主席組成。負責監督協會日常工作。

3. 國際委員會

國際委員會是下列各機構的總稱，在組織體系上屬於執行委員會領導。各國際委員會的成員全部由志願者擔任。

（1）常設委員會，負責協會財務報告的審查和監督，提交協會領導人和各國際委員會候選人名單接受贈款，向開展內部審計研究、教育、

出版、舉辦研討會等活動提供資助。

（2）專業發展委員會，負責發表《內部審計實務標準公告》，並負責內部審計先進技術和服務的分析、評價、推廣、教育，實現協會提出的「經驗分享，共同前進」的目標。協助總部擬定各級內部審計人員應達到的學歷，檢查各種研討會的形式和技術內容。按照理事會的指示，協助總部人員做好國際年會的組織工作。

（3）專業實務委員會，負責發表《內部審計實務標準》，下設四個委員會。①評審委員會，負責內部審計師註冊工作的規劃、組織、指示和控製。②專業問題委員會，就一些專業性問題，如政府政策、法令等徵求意見中的內部審計問題，向協會官方發言人和理事會主席提出建議。③內部審計準則委員會，即國際內部審計師協會專業實務委員會（Professional Practices Committee）下設的內部審計準則委員會（IASB）。其主要職責是：第一，根據國際內部審計師協會的準則框架，為理事會擬定內部審計準則或就此問題提出建議；第二，根據協會的準則框架，擬定和批准協會有關內部審計準則的說明、行政指示和專業準則公報；第三，確立和監督按照協會宗旨和具體目標來編制專業準則。④質量保障委員會，負責發表《內部審計實務標準說明》，為協會提供政策和程序方面的指導。

（4）專業服務委員會，主要負責三方面的工作。①與工商界、大專院校、政府機關和地區委員會聯繫，加強相互交流與合作，為這些單位中的會員提供服務。②維護協會書刊的編輯政策和程序，確保其書刊達到專業的技術水平。③為吸收新會員、招聘人員和升職提供諮詢服務。

4. 總部

總部負責處理協會的日常事務工作，由協會常任主席領導，辦公地點設在美國佛羅里達州。總部下設專業發展部、專業實務部和專業服務部，與執行委員會的各國際委員會相應部門相對應，並為其服務。此

外,總部還設有財務部,以處理協會日常財務收支。

二、國際內部審計師協會(IIA)的活動範圍

國際內部審計協會(IIA)公布的內部審計職業實務準則對「工作範圍準則」的定義,在全世界內部審計部門之間確立了執業的統一性。這條準則要求內部審計師擁有董事會和管理當局的大力支持,獨立於被審計活動之外;工作中堅持客觀、誠實的信仰;知識、技能和紀律的恰當組合;規劃、執行審計任務,並以有效方式報告其結果的訓練過程;以經濟有效的方式確定資源運用的管理過程。當然,執行這項工作範圍準則的載體是跨國經營管理組織,作用的範圍是該組織經營管理所涉及的國際領域。

1941年,世界上第一個內部審計師協會(IIA)在美國成立之初,就把目標確定為,為內部審計人員提供良好的服務,樹立內部審計人員的良好形象,使社會各界對內部審計職業有高度的認同。1980年,,IIA成為由國家特別分會走向聯合國方式的國際審計職業組織。通過協調、研討、制定準則、後續教育等多種形式在實現最初的目標。

1. 在國際範圍內組成內部審計師的職業團體

本書在前面分析了的國際內部審計師協會(IIA)誕生與發展的過程。從中可以看得出,雖然IIA的前身是美國內部審計師協會,但自從1944年,在加拿大多倫設立分會開始,這種跨越國境的內部審計師交流與協調活動就逐步發展壯大。1948年其在倫敦設立分會,逐步發展成為國際性組織,標誌著內部審計從此成為一種獨立的職業。IIA團體積極參與其他國際會計和審計組織的活動。1989年被聯合國內部審計師大會(Assembly of Internal Auditors of the United Nations)承認為非政府組織。協會是聯合國經濟和社會開發署顧問,最高審計機關國際組織常任觀察員,國際政府財政管理委員會(The International Consortium on

Government Financial Federation of Accountants）的團體會員，又是國際會計師聯合會（The International Federation of Accuntants）的團體會員。國際內部審計師協會通過其國家和地區分會同世界各國許多會計和審計組織建立了聯繫或合作關係。國際內部審計師協會的國際性特徵主要表現在：①協會宗旨的國際性；②協會會員的全球性；③協會得到世界主要國際組織的承認。

2. 傳播和發揚國際內部審計師職業的宗旨

國際內部審計師協會作為內部審計職業界最重要的國際性組織，它不僅致力於內部審計的職業化，也對內部審計國際化問題給予高度關注。不同國家內部審計理論、實務和文獻存在許多差異。國際內部審計師協會在修訂過程中，注意吸收來自世界各地的專業人士的參加，並向全世界的職業團體和會員徵求修訂稿的意見，以盡量採納普遍認同的觀點，盡量消除國家和區域性的傾向。

3. 國際性內部審計職業發展的導向作用

國際內部審計師協會通過制定和不斷修訂《內部審計職責說明》《職業道德規範》和《內部審計實務標準》等，規範內部審計師的職業行為；通過編輯發行《內部審計師》（*The Internal Auditor*）、《今日內部審計師協會》（*The IIA Today*）和《國際內部審計師協會教育者》（*The IIA Educator*）等刊物引導業界的學術研究；通過開展註冊內部審計師資格考試，為內部審計師取得合法地位，得到更高層次的培訓和晉升創造條件。特別是 IIA 通過每年舉行一次年會，圍繞各國內部審計師普遍關注的問題和他們所面臨的挑戰確定主題和分題。與會代表各自提交自己的論文，參加專題分組討論，探討新的理論觀點，交流各國內部審計並研究各個國家內部審計經驗和現代審計技術，不斷引導國際內部審計師職業向更高的層次發展。

三、國際內部審計師協會（IIA）的職能

1. 制定《內部審計職責說明》

這是國際內部審計師協會最早頒布的重要文件。內部審計師協會成立之後一個重要的任務就是要說明什麼是內部審計，它的目標、範圍、職責和權限是什麼。因此國際內部審計師協會在 1947 年發表了《內部審計職責說明》，對內部審計及其職責下了定義。其後，根據社會經濟的發展對內部審計的要求，多次對定義進行了修改。最近的一次修改是 2001 年經理事會討論通過。《內部審計職責說明》從 1947 年以來先後經過多次修改、補充，以反應內部審計數十年來發生的重要變化，尤其是目標和範圍的變化。

2. 制定和頒布《道德準則》

為了規範協會會員和內部審計師的行為，國際內部審計師協會於 1999 年制定和頒布了《道德準則》。它對提高內部審計及職業的地位和作用起了重要作用。協會曾兩次對《道德準則》進行了修改。最近的一次修改是在新定義出抬之後，於 2000 年 6 月經理事會通過發布的。新的《職業道德》指出：道德準則對於內部審計職業來說是必要的和適當的，因為它是建立信任的基礎，這種基礎為評價和改進風險管理、控製和治理過程，幫助組織實現目標提供了保證。

3. 制定和頒布《內部審計實務準則》

1974 年，IIA 成立了職業準則委員會（PSC）。PSC 委員來自不同的地域和不同的行業，他們的職責就是制定內部審計準則，監督和檢查準則的執行情況。PSC 使社會公眾進一步瞭解內部審計的性質、職能、作用、範圍、程序和目標，並促使內部審計更加職業化、市場化。1978 年制定出了第一部內部審計國際準則——《內部審計職業實務準則》，這是內部審計職業發展國際化的重要標誌。從 1978 年至今，PSC 又相繼

頒發了「準則說明書」「實務指南」和「職業準則公告」。PSC 基本準則的立法意向和力度，表現了內部審計這一特殊職業在世界範圍內的職業規範和判斷標準。《內部審計實務準則》的發布，得到社會各界的承認，亦被世界許多國家作為規範內部審計工作的重要參考依據，促使內部審計在世界範圍內趨向職業的一致性。

4. 開展註冊內部審計師資格考試

國際內部審計師協會從 1974 年起，在全球指定地點舉行註冊內部審計師資格考試，給考試及格者頒發註冊內部審計師證書，為內部審計師取得合法地位，得到更高層次的培訓和晉升創造了條件。1998 年廣東省和臺灣地區同時舉行國際註冊內部審計師資格考試。2002 年已發展到山東、江蘇、北京、天津、湖北、陝西、浙江、長沙、鄭州、合肥、西安、東北三省等省市，截至 2002 年 11 月，累計報考國際註冊內部審計師資格考試人數已達 31,563 人。報名人數逐年上升，2003 年報考人數達 11,362 人。中國已有數以千計的人員考取了國際註冊內部審計師資格。IIA 通過組織 CIA 考試，也是擴大內部審計影響、增進內部審計交流、提高內部審計師素質的重要手段。

5. 發展內部審計教育

國際內部審計師協會積極倡導和推動內部審計教育事業的發展。在 IIA 成立之初，內部審計領域只有職業培訓。到 1985 年已有 44 所大學開設了內部審計課程，但還沒有設立內部審計專業。1985 年，國際內部審計協會委託美國路易斯安那州立大學試辦內部審計教育項目。最初在內部審計專業裡開設內部審計課程和一次實習，只有 12 名學生。在此基礎上，國際內部審計師協會提出目標院校項目，按一定的標準選定一些院校資助它們設立內部審計專業。從 1985 年到 1991 年共有 15 所大學納入了內部審計教育項目。其中，設立本科專業的有 5 所，設立研究生專業的有 7 所，既有本科又有研究生的有 3 所，它們是路易斯安那州立

大學、克里森大學（由協會研究基金會主辦）和日納西工科大學（由那什威爾分會和協會研究基金會主辦），還有6所正在籌辦。

6. 對內審績效評價標準的研究

如何評價內審活動的績效是內部審計質量管理的一項重要內容。國際內部審計師協會從1993年起，在「全球審計信息網」（GAIN）上三次向被調查人徵求意見。第一次提出73條標準，要求從中選出20條。第二次要求從20條中選出主要的5條。第三次再選出有決定意義的16條標準，並向兩組調查人徵求意見。第一組10人，第二組16人。調查結果如下表所示：

表 5-1　　　　　　　　前 20 條績效評價標準排序

排序	績效評價標準	審計環節	績效範圍
1	員工的知識、技能和專業訓練	輸入	審計人員素質
2	審計項目經過審計委員會的批准	審計環境	與審計委員會一致
3	管理層對內審工作的期望（mangement expectation of internal auditing）	審計環境	管理層的滿意程度
4	審計建議被採納的比例	輸出	審計結果的質量
5	審計人員的學歷和經歷	輸入	審計人員素質
6	被審計者對審計結果的滿意程度	處理	與被審計者的關係
7	被審計項目的重要性	輸出	審計結果的質量
8	內審人員的年培訓時數	輸入	審計資源
9	審計委員會對內審工作的滿意程度	審計環境	與審計委員會一致
10	審計部門主管對職能的陳述	審計環境	組織地位
11	審計委員會對風險的關注	審計環境	審計委員會的有效性
12	內審部門被投訴的次數	處理	與被審計者的關係

表5-1(續)

排序	績效評價標準	審計環節	績效範圍
13	被審計者對內審作用的評價	審計環境	管理層的滿意程度
14	管理層要求次數（number of management of requests）	審計環境	管理層的滿意程度
15	合格員工的比例	輸入	審計人員的素質
16	改進工作流程的次數	輸出	審計結果的質量
17	已採取的改進審計質量的措施	審計環境	質量保證
18	內審部門主管與審計委員會的溝通	審計環境	審計委員會的有效性
19	計算機審計技術的應用	審計環境	審計綜合方面
20	員工的平均審計工齡	輸入	審計素質

這次調查的結果是：進入前10條的，有8條與第二次調查一致；兩個小組都認為審計人員的素質和審計結果的質量應當進入前5位；組織的地位沒有進入前5位，因為組織地位是內部審計工作的條件，而不是績效本身，這一點和新定義中淡化獨立性的觀點是一致的；進入前5位的依次為審計人員的素質、審計結果的質量和報告的準確性、與審計委員會一致、管理層的滿意度、與被審計者的關係。調查表明，審計質量是內審工作的頭等大事，而人員素質則是取得良好的審計質量的保證。與領導保持一致，為中心工作服務，以保證組織目標的實施，是內部審計工作取得成功的最重要條件。審計者與被審計者應當有良好的合作關係，共同為實現組織的目標服務，這一點對內部審計來說尤為重要。

第五章 內部審計的機構與職責 137

第六節　國際內部審計的發展趨勢

一、現代內部審計發展的三個轉折點

內部審計的產生和發展是一個漫長的歷史過程，至今已經歷了古代內部審計、近代內部審計和現代內部審計三個發展階段。現代內部審計始於美國。1941年被認為是現代內部審計的開始。1940年之前在美國，內部審計只是外部會計公司的一個助手。1941年，Victor. Z. Brink完成了他在紐約大學的博士學位的論文，該論文闡述了包括內部審計性質和範圍在內的內部審計突破性的研究成果。Brink指出內部審計應該作為公司管理層的服務者，而不是作為外部審計（外部會計公司審計）的助手。Brink憑藉這篇論文成為美國「內部審計」這個學科的「開山鼻祖」。同年，北美公司的內部審計部門主任John. B. Thurston寫了一本名為《內部審計的原理和技術》的內部審計專著。Brink還於1942年出版了美國第一本全面、系統地論述「內部審計」方面的書──《內部審計原理和實務》。此書一直不斷更新，並於2001年發行第五版。以上事件標誌著內部審計的系統理論已開始形成，是內部審計的第一個轉折點。

1978年，國際內部審計師協會（IIA）正式頒布了《內部審計實務準則》，這是「內部審計準則」的雛形。所以1978年是美國內部審計發展的關鍵時期，同時也是內部審計歷史發展過程中第二個轉折點。《內部審計實務準則》的首頁對全面綜合地對「內部審計」的概念進行了嚴謹的定義。此準則頒布後被世界各國的審計領域普遍認可，並被翻譯成9種語言。

1999年6月國際內部審計師協會及其下屬的研究基金在反覆進行討論、研究、向各方徵求意見後，正式頒布了《內部審計實務框架》。正如財務會計準則框架一樣，《內部審計實務框架》是內部審計準則的核心，所以1999年6月是美國內部審計歷史發展過程中第三個「歷史性轉折點」。

二、內部審計實務框架

當前各國內部審計遵循的《內部審計實務框架》由三個層次組成：

第一個層次是強制性的，其核心內容有《內部審計定義》《道德準則》《內部審計實務準則》。

《內部審計定義》：內部審計師協會在最新的《內部審計定義》中將內部審計定義為，「內部審計是一項獨立、客觀的鑑證和諮詢服務，其目標在於增加價值並改進經營。它通過一套系統、規範的方法評價和改進風險管理、控製和治理過程的效果，以幫助組織達到目標」。

《道德準則》：制定道德準則的目的是在內部審計職業內建立道德文化。道德準則對於內部審計職業來說是必要和適當的，因為內部審計是建立在信任的基礎上的，這種基礎對風險管理、控製和治理提供了客觀保證。道德準則在內部審計定義上加以擴展。

《內部審計實務準則》：《內部審計實務準則》由《屬性準則》《績效準則》《執行準則》組成。《屬性準則》論述從事內部審計活動的組織和個人的特性。《績效準則》則論述內部審計活動的本質，並提供衡量內部審計績效的質量標準。《屬性準則》和《績效準則》適用於全部內部審計活動。《執行準則》將《屬性準則》和《績效準則》運用於特定業務（如遵循性審計、舞弊調查、對控製的自我評估項目）。《屬性準則》和《績效準則》只有一套，而《執行準則》可以有多套，每套對應內部審計活動的一種主要類型。

第二個層次是《實務建議》（即以前的指南），不是強制性的，但是也經過國際內部審計師協會批准並強烈推薦使用。它能夠幫助解釋內部審計實務準則，或將準則運用於特定的內部審計環境。雖然有一些實務建議可能適用於所有內部審計師，但它主要用於特定的行業，特定的審計領域，或者特定的地域。

第三個層次是《發展和實務指南》，包括了各類由國際內部審計師協會開發或者批准的材料，不具有強制性。其中包括研究報告、書籍、討論會以及其他還沒有資格成為強制性準則的與內部審計實務有關的產品和服務，是審計實務框架中內容最多、範圍最廣的部分。《發展和實務指南》用以幫助實施《道德準則》《實務準則》和《實務建議》，並提供了最佳實務提示和技巧。

三、國際內部審計準則理念的發展

上文簡單介紹了國際內部審計師協會的內部審計實務框架，從中可以看到其理念的發展，並得到一些有益的啟示。

1. 從獨立性到客觀性

國際內部審計師協會對內部審計的舊定義體現在其頒布的《關於內部審計責任的聲明》（1990 修訂本）中：「內部審計是一個組織內部為檢查和評價其活動和為本組織服務而建立的一種獨立評價功能，它要提供有關檢查活動的分析、評價、建議、諮詢意見和信息，以協助本組織成員有效地履行其職責。」通過新舊定義的比較可以看到，在新的定義中國際內部審計師協會更強調客觀性。

在傳統觀念中，「獨立」是內部審計的一個重要特徵，也被認為是保證內部審計效果的一個重要要求。然而，從本質上說，「客觀」是一個更為根本和廣泛的概念。在新定義的草擬過程中，指導任務小組最初並未使用「獨立」這一概念，也沒打算界定它。他們認為含義更廣的

「客觀」是內部審計職業的顯著特點。而「獨立」的要求，則對內部審計人員造成了不必要的約束，它限制了由誰來提供服務以及可以提供哪些服務。而且，把「獨立」凌駕於其他概念之上，會使內部審計部門在提供服務時相對於外部服務提供者處於競爭的劣勢，因為後者往往處於「更獨立」的位置上。

內部審計部門能為企業增加價值就是因為他們對改進經營與控制的分析與建議是客觀的。獨立是為了保證客觀，是一種手段，而客觀才是最終的目標。試想如果審計活動是獨立的，但卻由於種種原因沒有反應事物的客觀面貌，那這種活動就沒有效率和效果，甚至造成決策失誤，十分有害。反過來，只要保證了客觀，就不必要死守獨立不放。對於內部審計來說，其形式上的獨立性肯定不如外部審計，如果就此認為內部審計不如外部審計，那是十分荒謬的。

長期以來，人們經常混淆了目標和手段的區別。雖然目標和手段應該是統一的，但是將手段作為目標則必然導致目標的異化，導致手段最終失去意義。最明顯的例子就是美國財務會計準則委員會原來倡導的以規則為導向的會計準則模式，由於一味以規則（即手段）為重，最終導致不少公司鑽規則的空子，發生了「安然」和「世通」等假帳醜聞。這種模式至少造成了以下幾類問題：

（1）沒有明確清晰的目標，大量的細節掩蓋了準則的用意；

（2）過多的例外和界限測試，為財務設計者獲得所需要的結果提供了方便；

（3）大量的詳細指南，其中的內容包含了大量互相矛盾的處理。

美國證券交易委員會發表了一份研究報告《對美國財務報告採用以原則為基礎的會計體系的研究》，認為需要擯棄美國以規則為導向的模式和國際會計準則委員會提倡的以純原則為導向的模式，而採取以目標為導向的模式。此舉鮮明地說明了目標是第一位的，而規則甚至於原

則,都只是一種達到目標的手段。方向錯了,則手段再完善也只是在錯誤的道路上越走越遠,甚至於更快速地偏離目標;方向對了,則所有的手段都可以因此而發展起來。比如,從歷史上來看,獨立審計目標的演變,即從查錯防弊到驗證財務報表的公允性,直到現在的兩者皆重,其審計技術和審計方法也隨之發生變化,或者說也隨之發展。制度基礎審計和審計抽樣的運用,都是在驗證財務報表公允性階段才發展起來的。沒有這個目標,這些方法、程序的確立是很難想像的。

因此,國際內部審計師協會的這些研究成果、成功的經驗以及失敗的教訓,都是為了理解內部審計的本質,進而制定中國自己的內部審計準則。

需要說明的是,並非說獨立性的概念毫無用處,作為一種手段它應該發揮自己的作用。「獨立」是個變量,對它的解釋及其重要程度的界定依賴於一系列因素,如企業的行業類型、地區及國家法律法規,以及相關服務的本質等。遵守獨立性有助於達到客觀性。在美國會計學會當前的研究中,「獨立」被表述為「無阻礙地決定工作範圍和無阻礙地完成工作的能力」。指導任務小組最後採用了這一理解,保留了「獨立」,認為「內部審計活動應該在決定內部審計範圍、開展工作以及匯報成果時不受干涉」。國際內部審計師協會認為,獨立是對審計活動而言,客觀是對內部審計師個人而言。顯然審計活動是以內部審計師為基礎的。為了保持客觀性,國際內部審計師協會認為內部審計師須注意的問題如下:

(1) 不應該參加任何有可能損害或者假定會損害他們無偏見地評估的活動或關係,包括可能與組織的利益有衝突的活動或關係。

(2) 不應該接受任何可能損害或假定會損害他們職業判斷的東西。

(3) 應該披露所有知道的重要事實,如果不披露將會歪曲對所審查的活動的報告。

2. 將視野擴展到組織外部

內部審計，按常人理解，仿佛必須由組織內部的人員和機構進行，然而這是一種誤解。在國際內部審計師協會對內部審計的新定義中，「內部」一詞被拋棄了。內部審計是組織內部的審計業務，是一種範圍性概念，不同於「由內部審計人員從事的審計業務」的主體性概念。雖然有一些人認為「內部」這個概念是內部審計職業最重要的特質，然而在理論上保留這一概念是有缺陷的。這一措辭試圖使內部審計職業壟斷所有相關的服務，執行所有職能，試圖阻止外部人員參與內部審計服務的競爭。而且隨著服務範圍的擴大，在企業內部擁有所有需要的技術變得不經濟，這也造成了許多企業從外部購買服務，即內部審計外部化。「內部」這一概念唯一有價值的地方在於內部審計服務仍應由企業內部進行管理，而不應完全放權給外部。

內部審計業務部分或全部拓展到外部，其明顯的優勢體現在以下幾方面：

（1）獲得規模經濟。外部審計組織在組織規模上和在業務規模上都是經濟的。高額的服務成本費用可在大量的客戶那裡得到補償或分攤，因此在等效服務下成本最低，或成本相同下效率更高。大部分審計業務是要由人來完成的，但有些部分要用到計算輔助技術和管理分析技術，這些技術中的軟硬件成本不是一般單位願意承擔或能夠承擔的，但一流的會計公司能夠、也願意承擔，因為這些固定成本可以分攤到大量的客戶中去。

（2）降低總成本。組織如果建立一個自己的內部審計部門，需要支付員工的薪金、培訓費和管理費用，內部審計外部化則能節省這些費用，而且企業可只在需要時聘用，以保持支出控製的靈活性。將設立內部審計部門所需的固定成本轉換為變動成本，將不可控成本變為管理部門的可控成本。同時，如果由外部審計人員承擔內部審計工作，內部審

計的方法和程序可與外部審計保持高度一致，這意味著外部審計人員能更多地依賴內部審計工作，企業也可因少支付審計費用而獲益。

（3）保持適當的組織規模。幾乎每個企業都能從內部審計職能中受益，但對中小規模的企業來說，設置一個只有一兩個人的內審部門很難招募到頂尖人才，也無法建立足夠的專家意見數據庫。會計師事務所則可對風險進行有效的分析並提供菜單化的專業服務，以在不同的時間滿足客戶的不同需求。

（4）使管理層關注核心競爭力。內部審計部門的日常審計往往是低效的，還可能會分散管理層的精力。如果實行內部審計外部化，企業就可騰出管理時間和管理資源，使管理層更關注核心競爭力領域，集中精力追求更具戰略意義的目標，而不是將大量精力耗費在低回報的日常管理中。

（5）組織在外購內部審計服務時，佔有主動權。組織在決定內部審計服務外購時，可按照本企業的具體情況，結合不同會計師事務所的優勢進行選擇，在很大程度上佔有主動權。在接受服務的過程當中，通過董事會和審計委員會對內部審計工作進行監督，可評估外部審計人員的服務質量，確定合約的完成情況。如果對其服務不滿意，由於市場上還有其他可提供內部審計服務的外部人員，企業可以與聘用者簽訂長期價格協議或考慮重新引入內部審計機構。

（6）外部審計組織具有先進的審計技術，豐富的審計經驗，而且部分一流的會計公司還擁有獨特的質量控製與保障制度。

因此，隨著內部審計的發展以及外界對內部審計要求的不斷提高，內部審計外部化將是一種潮流。應該順應潮流，打破成規，以提升組織的價值、幫助組織達到目標。

3. 內部審計的終極目標是增加組織價值

傳統內部審計理論認為，內部審計具有經濟監督、經濟管理、經濟評價、經濟鑑證等職能。這種認識也反應在舊的對內部審計的定義中。而國際內部審計師協會在最新的《內部審計定義》中認為：「內部審計是一項獨立、客觀的鑑證和諮詢服務，其目標在於增加價值並改進組織的經營。」這完全不同於傳統理論上的「獨立評價功能論」。

「增加價值和改進經營」的提出，使得這一職業充滿前所未有的活力。在傳統概念下，內部審計在很大程度上是為了降低代理成本而設計的，人們不關心它對企業經營的貢獻，而且這種貢獻往往是無形的。而在如今的高度競爭且成本「過敏」的市場上，各大公司紛紛將其業務流程分為增值過程和非增值過程，然後盡可能地壓縮非增值過程，期望公司內每一個人都為其創造價值。歸根到底，一個組織只有具有價值才有存在的必要，也才能夠繼續存在下去，否則在社會上必無立足之地。因此任何活動，只有為企業創造或者增加價值，才能為組織所重視，才能存在下去。內部審計如果還固守過去的陣地，只能被淘汰出局。新的角色定位要求內部審計積極參與價值創造活動，這樣才能為自己的繼續存在爭得一席之地。內部審計如果不以增加組織價值為目的，則為組織所不容。內部審計在參與價值創造的同時，要向世人昭示其在價值創造過程中的貢獻，讓公司的管理部門、董事會及其他利害關係人瞭解其存在的必要性和重要性，這樣才能保持和提高職業地位。但需要注意的是，不應把成本降低的幅度或效率增長的幅度等作為衡量內部審計工作績效的標準，這樣做會削弱其工作的客觀性。因為內部審計工作對價值創造的貢獻往往是間接的。

同時，內部審計關注的活動也因此提升至組織整體的層次，而不再是過去那樣只是針對個人或某一部門的活動。其目標的核心定位是幫助一個企業達到戰略目標，即增加價值，還將內部審計與企業的核心業務

流程和關鍵成功因素聯結在一起。內部審計關注層次的提升，使得內部審計從一個局部職能的「功能性思維」轉向從整體價值鏈來考慮問題和提出解決方案，從全局、長期著眼，促成各個部門各個方面的有效合作。這也在實質上擴展了內部審計的職能，並要求在內部審計人員的招募、培訓、團隊構建活動中充分考慮這方面的因素。

4. 將風險管理放到重要位置

在審計領域，「風險」一詞仿佛較多地與獨立審計相聯繫。傳統的內部審計也著重於內部控製制度和經營機制。然而由於在市場經濟條件下企業面臨著內外部環境的不確定性，企業的風險也普遍增大，例如內部的有財務和經營信息不足、政策計劃和標準貫徹失敗、資產流失、資源浪費和無效使用等，外部的有消費者偏好變化、國家宏觀政策調整、國際金融市場動盪等。因此企業迫切需要內部審計通過一套系統、規範的方法來評價和改進風險管理及控製、治理過程的效果。順應這種要求，新的定義中也加進了風險管理的內容。企業的總體管理控製機制一般更傾向於把管理控製系統與組織的長遠目標，以及不能達到這些目標的風險聯繫起來。為了幫助企業達到目標，必須重視風險管理。新定義表明控製不再是抽象的、暗含的，而是能實實在在地幫助組織進行風險管理和制定出有效的管理程序，而且對於每一種情形都有多種「正確的」的方法。風險控製體制使內審人員必須隨著全球市場和競爭性質的變化、新的資產形式的產生，以及信息獲取工具的變革而不斷改進控製手段。「一種控製手段適用於各種控製」的說法和通用的控製模式已不再存在。

風險控製系統也決定了鑒證與諮詢服務能為組織創造價值。在此方面不乏成功的實例。如某外貿集團公司下屬 10 多家子公司，集團內部審計師對這些子公司 2002 年下半年業務合同簽訂與執行情況進行了審核，發現在 1,000 萬人民幣以上大金額進口商品合同中僅豆粕一個商品

就占16%，涉及金額5億人民幣。按照國際慣例，購買豆粕須提前半年簽訂期貨合同。各子公司不約而同地進口豆粕，對整個集團來說集中在某個商品上的資金過多，勢必會增大經營風險。內部審計師立即向集團管理層提出建議，豆粕進口須做套期保值以避免價格下降造成的經營風險。果然2002年南美洲豆粕大豐收，豆粕國際市場價格一路狂跌。內部審計師的建議使集團避免了近2億元的損失。

隨著國際經濟一體化以及中國加入世界貿易組織，企業間的競爭將日趨激烈。而內部審計在幫助企業實現其目標中具有不可替代的優勢，因此日益受到管理當局的重視。但是中國的內部審計無論在理論上還是實務中均有不少需要改進之處。如何抓住機遇，在提高企業競爭力的同時發展內部審計職業，是每一個內部審計人員面臨的重大課題。

四、未來發展五大趨勢

從2001年IIA對內部審計的定義可見，國際內部審計呈現五大發展趨勢：一是實施信息安全審計的新職責，二是開拓風險管理新領域，三是深入介入內部控製，四是推動更有效的公司治理，五是更新內部審計師的職責。可以看出，在國際內部審計五大發展趨勢中，前四大趨勢重視的是加強公司的管理與規範建設，最後一項趨勢表明內部審計師的職責有所改變，強調的是提高內部審計人員的整體素質以適應其職責的改變。

(一) 實施信息安全審計的新職責

信息技術對企業發展而言是一把雙刃劍，既可以給企業創造巨大的價值，也可以給企業造成潛在的巨大風險。安全性審計的主要目標就是審查企業信息系統和電子數據的安全隱患。這種安全危害可能來自企業外部，如黑客攻擊、數據外泄、系統癱瘓等；也可能來自企業內部，如舞弊、系統中斷、非法更改、不恰當的訪問等。這些安全隱患可能中斷

企業的正常經營活動，丟失寶貴的信息資產，洩露企業的商業機密等。因此，當企業管理當局權衡信息系統所帶來的潛在風險時，他們需要通過仲介機構對安全性做出檢查和評價。審計師為投資者、債權人、經營者提供財務風險鑑證是遠遠不夠的，他們還需要對企業的信息系統和信息資產安全提供鑑證。此外財務審計也需要對信息系統的安全狀況做出評價，為正確判斷財務信息的真實性、可靠性提供依據。我們很難想像一個在安全方面存在嚴重問題和缺陷的信息系統，它提供的數據會真實可靠。因此，信息系統的安全性審計是真實性審計的前提。

1. 信息安全審計的定義

信息安全審計是 IT 審計的一部分內容，是對計劃、執行、維護等各個層面上的風險進行識別和檢查的一種方法和措施。而信息安全技術作為傳統的信息安全防護手段一種補充，是信息安全體系中不可缺少的措施之一，是收集、評估證據用以決定網路與信息系統是否能夠有效、合理地保護資產、維護信息的完整性和可用性，防止有意或無意人為錯誤，防範和發現計算機網路犯罪活動。

要實現信息安全審計，保障計算機信息系統中信息的機密性、完整性、可控性、可用性和不可否認性（抗抵賴），需要對計算機信息系統中所有網路資源（包括數據庫、主機、操作系統、網路設備、安全設備等）進行安全審計，記錄所有發生的事件，提供給系統管理員作為系統維護以及安全防範的依據。

2. 信息安全審計的內容

目前，市場上的網路與信息系統安全審計產品功能相對單一，為滿足相關法律、法規、標準的要求，以及日常對網路、終端、應用系統、數據庫、主機的安全要求，可將信息安全審計按照不同的審計角度和實現技術進行劃分，分為合規性審計、日誌審計、網路行為審計、主機審計、應用系統審計、集中操作運維審計六大類。

（1）合規性審計。做到有效控製 IT 風險，尤其是操作風險，對業務的安全營運至關重要。因此，合規性審計成為被行業推崇的有效方法。安全合規性審計指檢查建設與運行 IT 系統的過程是否符合相關的法律、標準、規範、文件精神的要求的一種檢測方法。這作為風險控製的主要內容之一，是檢查安全策略落實情況的一種手段。

一般來說，信息安全審計的主要依據為信息安全管理相關的標準。例如 ISO/IEC27000、COSO、COBIT、ITIL、NISTSP800 系列、國家等級保護相關標準、企業內控規範等。這些標準、規範實際上是出於不同的角度提出的控製體系，基於這些控製體系可以有效地控製信息安全風險，從而提高安全性。根據相關標準、法規進行合規性安全審計，起到標示事件、分析事件、收集相關證據的作用，從而為策略調整和優化提供依據。範圍至少應該包括：安全策略的一致性檢查，人工操作的記錄與分析，程序行為的記錄與分析等。

合規性審計必須與信息安全策略的制訂與落實緊密結合在一起，才能有效地控製風險。目前，市場上根據相關標準形成了較多合規性審計產品，如基線掃描以及針對性的 COBIT 審計系統等。

（2）日誌審計。基於日誌的安全審計技術是通過 SNMP、SYSLOG 或者其他的日誌接口從網路設備、主機服務器、用戶終端、數據庫、應用系統和網路安全設備中收集日誌，對收集的日誌進行格式標準化、統一分析和報警，並形成多種格式和類型的審計報表。

通過對網路設備、安全設備、主機服務器、用戶終端、應用系統及數據庫進行日誌採集，將數據發送至分析器進行辨別與分析，匹配策略定義的危險事件，發送至報警處理器部件，進行報警或響應。若分析辨別器辨別為策略定義的審計記錄事件，發送至結果匯總，進行數據備份或生成報告。

（3）網路行為審計。基於網路技術的安全審計是通過旁路和串接的

方式實現對網路數據包的捕獲，繼而進行協議分析和還原，可達到審計服務器、用戶終端、數據庫、應用系統的安全漏洞、合法、非法或入侵操作，監控上網行為和內容，監控用戶非工作行為等目的。網路行為審計更偏重於網路行為，具備部署簡單等優點。

網路行為審計部署方式可分為旁路式和串聯式。旁路式網路行為審計是通過在交換機端口鏡像取得原始數據包，記錄所有用戶在該鏈路上的網路行為，並還原會話連接，恢復到相應的通信協議，進而重現通過該鏈路的網路行為。一般放在網路的主要通道上，如核心交換機和重點監控區域，對網路行為安全進行記錄。

串聯式工作原理是在網路鏈路上識別流經它的各種網路協議，將協議數據嚴格地按照會話進行重組並且記錄下來，通過對會話協議的回放和報表記錄進行審計。一般部署在需要審計的網路鏈路中，如核心交換機前段和重要網段上，對網路行為進行審計。

(4) 主機審計。主機安全審計是通過在主機服務器、用戶終端、數據庫或其他審計對象中安裝客戶端的方式來進行審計，可達到審計安全漏洞、審計合法和非法或入侵操作、監控上網行為和內容以及向外拷貝文件行為、監控用戶非法行為等目的。主機審計包括了主機的漏洞掃描產品、主機防火牆和主機 IDS/IPS 的安全審計功能、主機上網和上機行為監控、終端管理等類型的產品。

目前，主機安全審計可以與認證系統，如令牌、PKI/CA、RADIUS（遠程認證撥號用戶服務）等結合部署，達到用戶訪問控制和登錄審計的效果。

(5) 應用系統審計。應用系統安全審計是對用戶在業務應用過程中的登錄、操作、退出的一切行為通過內部截取和跟蹤等相關方式進行監控和詳細記錄，並對這些記錄進行按時間段、地址段、用戶、操作命令、操作內容等分別進行審計。

目前，市場上沒有成熟的獨立應用系統安全審計產品。針對應用系統安全審計特點，網路行為審計和一般的主機審計很難實現業務應用層面的相關要求，而日誌審計則需要應用系統自身將相關操作形成日誌。最好是通過開發應用系統自身對用戶在系統中的操作、修改行為進行記錄和取證，同時為減少應用系統因審計而產生的性能降低，可以配合第三方登錄審計功能以及日誌審計來完成審計工作。

（6）集中操作運維審計。集中操作運維審計側重於對網路設備、服務器、安全設備、數據庫的運行維護過程中的風險審計。運維審計的方式不同於其他審計，尤其是維護人員為了安全的要求，開始大量採用加密方式，如 RDP（Remote Desktop Protocol）、SSL 等，加密口令在連接建立的時候動態生成，一般的針對網路行為進行審計的技術是無法實現的，可分為以下兩種形式：

①堡壘式運行維護審計。維護人員先通過身分認證後登錄堡壘主機，所有對網路設備、主機服務器、安全設備、數據庫等的維護工作通過該堡壘主機進行，這樣就可以記錄全部的運維行為。堡壘主機就是通過路由設置或訪問控制方式把運維的管理鏈接全部轉向運維審計的設備，由於堡壘主機是操作運維的必然通道，在處理 RDP、SSL 等加密協議時，可以由堡壘主機作為加密通道的中間代理，從而獲取通訊中生成的密鑰，也就可以對加密管理協議信息進行審計。

②數字 KVM 審計。基於 IP 協議的 KVM，能以一套鼠標、鍵盤、顯示器來控制多臺主機服務器，通過 IP 能夠實現遠程訪問和控制，其目的是解決機房多設備、多操作系統、節能環保及安全性等問題，通過對屏幕操作視圖的圖像進行錄像與回放功能和完善的日誌存儲與查詢功能，能夠記錄和跟蹤各種系統狀態的變化；提高對系統故意入侵行為的記錄和危害系統安全的記錄；由於其引入身分證、授權、記錄操作內容等功能，也是比較可行的運行維護方式之一。

3. 信息安全審計的標準

（1）可信計算機系統評價準則。美國國防部的可信計算機系統評價準則（Trusted Computer System Evaluation Criteria，TCSEC）是計算機系統安全評估的第一個正式標準，具有劃時代的意義。該準則於 1970 年由美國國防科學委員會提出，並於 1985 年 12 月由美國國防部公布。TCSEC 將安全分為四個要素：安全策略、責任、保證和文檔。TCSEC 根據這四個安全要素將計算機系統分為四類七個等級，按可信程度從最低到最高依次是 D、C1、C2、B1、B2、B3、A1。

（2）信息技術安全評價通用準則。在美國的 TCSEC 和 FC、歐洲的 ITSEC、加拿大的 CTCPEC 等信息安全準則的基礎上，由 6 個國家 7 方（美國國家安全局和國家技術標準研究所、加、英、法、德、荷）共同提出了「信息技術安全評價通用準則」（The Common Criteria for Information Technology security Evaluation，簡稱 CC 標準）綜合了已有的信息安全的準則和標準，形成了一個更全面的框架。制定 CC 標準的目的是建立一個各國都能接受的通用的信息安全產品和系統的安全性評估準則。1996 年 6 月 CC 標準第一版發布，1998 年 5 月 CC 標準第二版發布，1999 年 10 月 CC 標準 V2.1 版發布，並且成為 ISO 標準。

（3）信息系統安全等級劃分標準。中國的《計算機信息系統安全保護等級劃分準則》把信息系統劃分成五個安全等級，即用戶自主保護級、系統審計保護級、安全標記保護級、結構化保護級、訪問驗證保護級。除了《計算機信息系統安全保護等級劃分準則》（GB/17859-1999）外，中國還提供了一系列標準，例如《信息系統等級保護安全設計技術要求》（GB/T25070-2010）、《信息系統安全等級保護實施指南》（GB/T 25058-2010）、《信息安全風險管理指南》（GB/Z 24364-2009）等。審計人員在進行操作系統、數據庫系統、管理信息系統的安全性審計時，首先要評估這些系統處於哪個安全等級，其次，要分析審核系統運行的

安全狀況。

(4) 數據中心安全標準。數據中心是一個組織內部集中存放計算機主機及相關設備的場所，有時候也是災備中心。數據中心安全是企業基於 IT 的業務持續能力和災難恢復能力的物質基礎。國家陸續頒布了多項與數據中心建設直接相關的國家標準，包括《電子信息系統機房設計規範》（GB50174-2008）、《電子信息系統機房施工及驗收規範》（GB50462-2008）、《計算機場地通用規範》（GB/T2887-2011）、《計算站場地安全要求》（GB/T9361-2011）、《電子信息系統機房環境檢測標準》及《數據中心綜合監控系統工程技術規範》等。這些標準成為審計人員審核數據中心安全的主要依據。

(5) 存儲設備安全標準。沒有一種介質可以永久地保存資料，企業應當定期進行數據遷移。國家標準《電子文件歸檔與管理規範》（GBT18894—2002）對長期存儲提出一系列的要求。

(二) 開拓風險管理的新領域

近年來，很多內部審計組織開始介入風險管理，並將其作為內部審計的重要領域。內部審計之所以涉足風險管理領域，主要有以下四個原因：

1. 內部審計順應加強風險管理的要求

隨著社會經濟的發展，特別是隨著經濟全球化及國際化程度的加深，公司的經營環境日趨複雜，經營風險也大為增加。公司在對外經營運作過程中，面臨各種經營風險，包括因競爭對手的惡意競爭行為導致的風險，因合作夥伴履約資信問題導致的風險以及因經營環境變化導致的風險。而在內部的營運過程中，公司也面臨運作效率低下所帶來的損失風險等。公司、行業之間的競爭日益加劇，如何防範風險、加強風險管理，已成為公司經營者面臨的重要問題。因此，減少公司面臨的風險是組織實現目標的關鍵，也是公司管理人員十分關心的問題。內部審計

的目的在於增加組織的價值和改善組織的經營，內部審計人員是公司的管理諮詢師。因此，內部審計部門和內部審計人員參與公司的風險管理也就順理成章了。

2. 內部審計組織對拓展新領域的探索

內部審計組織為了自身的發展，為了在公司中擔當更重要的角色和發揮更重要的作用，不斷探索內部審計的新領域。公司高層管理人員對風險管理的空前重視，為內部審計發展提供了一個良好的機會。內部審計組織對風險管理的介入，使內部審計在公司中成為一個重要的角色，並將其作用推上一個新臺階。國際內部審計師協會推進內部審計由財務審計為主逐步向以風險管理審計為主轉變，既是內部審計發展的結果，更是受託責任關係發展變化的體現。1999年國際內部審計師協會通過的內部審計新定義，對內部審計的定位為「評價並改善風險管理、控製和治理過程的效果，幫助組織實現其目標」。

3. 內部審計發展和作用發揮的內在要求

內部審計作為內部控製的重要組成部分，在風險管理中發揮著不可替代的作用，主要有以下幾個方面：

（1）內部審計人員從事具體的業務活動，獨立於業務管理部門，這使得他們可以從全局出發，從客觀的角度對風險進行識別，及時建議管理部門採取措施控製風險。

（2）內部審計人員通過對長期風險策略與各種決策的審計、調查，可以調控、指導公司的風險管理策略。

（3）內部審計部門獨立於公司高級管理層，其風險評估的意見可以直接上報給董事會，其建議更易引起管理當局的重視。從內部審計發揮的上述職能看，內部審計已經參與到公司治理與風險管理中，幫助組織發現並評價重要的風險因素，促進組織改進風險管理體系。內部審計人員是風險管理專家，通過對風險的把握和評價，實現對風險的控製。

4. 內部審計受外部審計開展風險評估的影響

近年來，註冊會計師的業務領域不斷擴展，在其所擴展的新的保證服務業務中就包括了風險評估，且是其主要業務之一。這不能不對內部審計界產生影響，因為，內部審計部門和內部審計人員在風險管理方面擁有註冊會計師無可比擬的優勢。比如：內部審計部門和內部審計人員對公司面臨的風險更瞭解，對防範公司風險、實現公司目標有著更強烈的責任感。既然外部審計可以從事此項業務，內部審計就更可以從事這一工作。

(三) 深入介入內部控製評價

20 世紀 80 年代，內部控製是企業管理的重要內容，檢查和評價內部控製制度是否充分、有效和具有可操作性是內部審計的重要工作。從 1991 年開始，世界許多大公司開始了兼併、重組和公司治理工作，企業面臨的風險普遍增大。主要原因是企業實行多樣化經營，進入了眾多以前未涉及的領域；實施國際化發展戰略，控製鏈大大延長；信息技術在經營管理中廣泛應用導致計算機犯罪增加。在這種情況下，企業開始注重風險管理，內部審計的重點也從制度基礎審計轉向風險導向審計。

1. 深入介入內部控製的原因

《薩班尼斯-奧克斯萊法案》第 404 條款——管理層對內部控製的評價：強調公司管理層對建立和維護內部控製系統及相應控製程序充分有效的責任；上市公司管理層在最近財務年度末應對內部控製系統及控製程序的有效性進行評價。國際內部審計深入介入內部控製這一領域，是與該法案的明確要求密切相關的。這是因為人們已經認識到內部控製在組織目標實現過程中所起的關鍵作用。因此，公司內部控製的運行狀況已不僅僅是公司內部關心的對象，而且越來越受到外部相關人士的關注。

對於 404 條款中要求的管理層對內部控製的評價，擔任年度財務報

告審計的會計師事務所應當對其進行測試和評價,並出具評價報告。上述評價和報告應當遵循委員會發布或認可的準則,上述評價過程不應當作為一項單獨的業務。

2. 內部控製自我評估

內部控製自我評估是近年來西方國家內部控製系統評審的一種方法,是公司監督和評估內部控製的主要工具。它將運行和維持內部控製的主要責任賦予管理層,同時,使員工和內部審計師與管理人員合作評估控製程序的有效性,共同承擔對內部控製評估的責任。這使以往由內部審計部門對控製的適當性及有效性進行獨立驗證,發展到全新的階段,即通過設計、規劃和運行內部控製自我評估程序,由企業整體對管理控製和治理負責。它要求從整個業務流程中發現問題,由計算機匯總並反饋問題;審計人員轉變成外向型人才,廣泛接觸各部門人員,採用多種技術方法,促進經營管理目標的實現。簡而言之,這種方法不再以內審部門實施內部控製評價為主,而是以管理部門的自我評估為主。

通過內部控製自我評估,使內部審計人員不再僅僅是「獨立的問題發現者,而且成為推動公司改革的使者」,將以前消極的以「發現和評價」為主要內容的內部審計活動向積極的「防範和解決方案」的內部審計活動轉變,從事後發現內部控製薄弱環節轉向事前防範轉變,從單純強調內部控製轉向積極關注利用各種方法來改善公司的經營業績。另外,通過內部控製自我評估,可以發揮管理人員的積極性,使他們學到風險管理、控制的知識,熟悉本部門的控製過程,使風險更易於發現和監控,糾正措施更易於落實,業務目標的實現更有保證。內部審計人員廣泛接觸各部門人員,與各管理部門建立經營夥伴關係,有利於共同採取措施防止內部控製薄弱問題的產生。

(四)推動更有效的公司治理

在現代市場經濟條件下,公司治理結構完善與否決定了公司能否有

序運轉，公司效益和持續發展能力能否不斷提高，進而關係到整個資本市場能否規範有效運行。這也是近年來公司治理越來越受到政府監管部門和社會各界廣泛關注的原因。

1. 公司治理的四大「基石」

2002年7月23日，IIA在對美國國會的建議中指出：一個健全的治理結構是建立在有效治理體系的四個主要條件的協同之上的。這四個主要條件是審計委員會、執行管理層、外部審計和內部審計。在司法機構和管理機構的監管下，這四個部分是有效治理賴以存在的基石。審計委員會——確保有效的內部控製系統，確定並監控經營風險和績效指標；執行管理層——實施風險管理和內部控製，日常計劃、組織安排；外部審計師——應保持獨立性，審計與諮詢業務分開；內部審計師——評價並改善風險管理、控製和治理過程的效果。由此可見，有效的內部審計是公司治理結構中形成權力制衡機制並促使其有效運行的重要手段，是公司治理過程中不可缺少的組成部分。

2. 公司治理過程

IIA對「治理過程」的定義是：「組織的投資人代表，如股東等所遵循的程序，旨在對管理層執行的風險和控製過程加以監督。」IIA《標準》2013規定是「內部審計活動應該評價並改進組織的治理過程，為組織的治理做貢獻。公司治理有助於：

（1）制定、傳達目標和價值；

（2）監控目標的實現情況；

（3）確保責任制的落實；

（4）維護價值。內部審計師應對經營和管理項目進行評價，以確保經營管理活動與組織的價值保持一致，應該為改進公司的治理過程提出建議，為公司治理做出應有的貢獻」。

在強化公司治理方面，國際內部審計已逐漸形成：強化報告關係、

協助董事會完成其職責、評價整個組織的道德環境。

3. 強化公司治理的重要舉措

在安然公司財務醜聞曝光之前，美國的公司治理結構大多為「三位一體」，「三位」即董事會、管理層和外部審計。但是，安然公司、世界通訊等公司的財務醜聞充分證明了「三位一體」的公司治理結構的主要缺陷在於：

（1）由管理層聘請外部審計，使會計師事務所自身的利益與公司管理層密切相關，喪失獨立性。

（2）內部監督機制不健全，內部審計缺乏相對的獨立性。在安然和世界通訊公司財務醜聞爆發之前，美國的相關法律並沒有明確規定審計委員會和內部審計的職能。許多公司的內部審計機構向公司管理層報告工作，審計的內容、範圍和結果報告受到管理層的限制，致使董事會無法全面瞭解公司經營管理和財務的真實狀況。

《薩班尼斯–奧克斯萊法案》要求公司的審計委員會發揮更積極的作用，監管會計、財務報告程序，領導內部審計和選擇聘請外部審計機構。採用審計委員會這種內部監督機制，可以避免由管理層直接聘請會計師事務所和決定審計費用的問題，從而強化對公司管理層的監督功能。在審計委員會領導下的內部審計機構，受公司董事長的直接領導，地位比較超脫，有較強的獨立性和權威性，其工作範圍不受管理部門的限制，能夠確保審計結果受到足夠的重視，進而提高內部審計的效率。

（五）內部審計人員職責的更新

1. 內部審計人員從「幕後」逐漸走向「臺前」

《薩班尼斯–奧克斯萊法案》第404條款——管理層對內部控制的評價，要求管理層對本組織內部控制狀況進行評價，擔任年度財務報告審計的會計師事務所應當對其進行測試和評價，並出具內部控制評價報告。因為內部控制制度及其程序是管理部門建立的，其執行狀況和有效

性由管理部門自己評價有失公允，所以，在會計師事務所審計之前，內部審計人員要對本公司的內部控製狀況進行評價，向高級管理層提交內部控製評價報告，高級管理層認可後才能向會計師事務所提交報告。這樣一來，就把內部審計人員從後臺推向了「前臺」，本組織的內控狀況不佳，內部審計人員也有不可推卸的責任。

2. 未來內部審計人員的職責

隨著組織面臨的環境改變和利益相關者期望的不斷變化，這些都對內部審計部門和人員提出了更高要求。根據 2012 普華永道調查，內部審計負責人對他們解決戰略和業務風險以及涉及詐欺和技術風險的能力顯然比較擔憂。在利益相關者期望日益增長的條件下，內部審計負責人認為能力不足是他們主要的挑戰。

為了應對審計環境變化和利益相關者訴求對審計能力的要求，審計人員必須不斷提升自身能力和素質。一方面，內部審計要求審計人員具有財務專業知識以評估財務控製的充分有效性；另一方面，隨著全球化和信息技術所帶來的各種風險，審計部門將需要大量的能夠識別、評估和分析風險數據，並且能夠防止和發現舞弊的審計人員。2012 年普華永道調查顯示內部審計負責人始終認為數據分析在未來將是一種基本技能。尤其在大數據時代，數據分析和管理人才緊缺，如何有效地進行數據挖掘，建立預測模型，實施準確預測和監控，需要審計人員不斷提高計算機應用能力。另外，2012 年普華永道調查還顯示，未來內部審計人員的非技術性能力也很重要。例如，審計人員應具有商業知識，與高級管理人員、業務主管、審計委員會進行實質性交流的能力等。

同樣，在 2012 年 IIA 內部審計職業脈搏調查也顯示，內部審計負責人必須理解利益相關者的預期，確保審計人員有適當的技能來主動滿足，或者超過這些期望。成功的內部審計負責人要不斷評估是否現有的內部審計技能能使自己的團隊實現利益相關者的期望和妥善評估組織的

風險組合。職業脈搏調查顯示，對於新的內部審計人員追求的五大技能：分析和批判性思維、溝通能力、數據挖掘和分析、一般的 IT 知識以及商業洞察力。

第七節　大數據時代與雲計算發展對內部審計的影響

隨著信息化時代的到來，社會經濟環境發生了巨大的變化。大數據時代與雲計算技術的出現為現代內部審計行業的改革與發展提供了新的方向。

一、大數據與雲計算概述

1. 大數據

「大數據」一詞最早在 1980 年出現在著名未來學家阿爾文・托夫勒的《第三次浪潮》一書中，被稱為「第三次浪潮的華彩樂章」。從 2009 年開始，「大數據」才在互聯網行業中流行。2012 年，奧巴馬政府宣布投資 2 億美元拉動大數據相關產業的發展，預示著「大數據時代」的到來。「大數據」成為社會經濟發展中的重要支柱。

我們可以將「大數據」理解為海量資料，僅憑現在的軟件工具根本無法將這麼大規模的數據在有限的時間內進行處理分析並提供給決策者。因此，互聯網數據中心將「大數據」定義為可以更經濟、更有效地從高頻率、大容量、不同類型和結構的數據中獲取價值的新一代構架和技術。從這一定義可以看出大數據具有以下特點：第一，數據量巨大（volume），數據規模已經從 tb 級別擴展到 pb 級別；第二，數據的增長和處理速度加快（velocity），大量數據在迅速生成的同時被快速地處理，成為數據鏈；第三，數據的形式多樣（variety），包含了圖片、日誌、

視頻、文字和地理位置信息等各種表現形式；第四，低價值密度和高價值質量（value），單一的數據不能提供多大的價值，但將各種相關數據進行整合分析後就會具有很高的商業應用價值。

大數據時代的到來，促使人們轉變思維方式，對傳統的數據採集和處理方法進行創新。在大樣本量面前，抽樣調查分析技術將被大數據分析所取代。與小數據相比較，大數據更能反應事物的發展方向和事物之間的相互聯繫，有利於提高人們對事物的整體認知。

2. 雲計算

「雲計算」這一概念最早是由 google 首席執行官埃里克‧施密特在 2006 年舉辦的搜索引擎大會上提出來的。2008 年，IBM 宣布在江蘇無錫太湖新城科教產業園為中國的軟件公司建立全球第一個雲計算中心。美國國家標準與技術研究院曾將「雲計算」定義為一種根據使用量來付費的模式，在這種模式下，只需投入很少的管理工作，就能給用戶提供一個集網路、服務器、存儲、各種應用軟件等於一體的資源共享空間，使用戶可以更便捷有效地進行網路訪問。「雲計算」也有其特點：第一，雲計算作為一種計算模式，也具備時間和網路存儲等基本功能；第二，雲計算使網路訪問接入途徑增多；第三，雲計算可以滿足用戶的各種需求，為用戶提供廣泛的資源；第四，雲計算在互聯網技術的支持下可以將計算規模迅速擴大和縮小；第五，雲計算向用戶提供的資源可以計量，有助於資源的合理利用。

3. 大數據和雲計算的關係

大數據和雲計算可以看作是一個硬幣的正反兩面，缺一不可。大數據從數據出發，向用戶提供採集和分析數據的技術方法，注重數據的存儲能力；而雲計算從計算出發，向用戶提供具體的解決方案，關注的是數據的處理能力。有了大數據的數據存儲，再加上雲計算的計算能力才能使用戶受益，二者是相輔相成的，共同促進社會經濟的進步。

二、大數據時代與雲計算對內部審計的影響

隨著中國科學技術和管理技術的不斷發展，審計方式也在不斷更新，經歷了從原始的手工查帳表階段到以系統為導向的審計階段，再到後來的風險導向審計方式及應用計算機技術的 IT 審計階段。在大數據和雲計算時代下，審計行業必須順應這一形勢。

1. 推動了整體數據審計的發展

到目前為止，在審計過程中，面對小樣本數據，中國審計人員都具備精準的數字審計技術。隨著社會科技水平的提高，大數據時代和雲計算越來越成為我們社會生活中非常重要的一部分，審計人員面對的不再是之前的小樣本，而是被審計單位這個整體。與處理小樣本數據需要極高的精確度不同，大數據時代更注重數據的整體性，這有助於審計人員瞭解數字背後的真相。隨著大數據的出現，審計人員需要尋求新的數據分析處理技術，雲計算的廣泛應用極大地提高了審計人員的工作效率。

2. 推動了相關關係理論在審計證據中的應用

審計過程完成後，審計人員在審計報告中應當用充足的、合適的審計證據來表述自己的審計意見。目前，在大數據時代與雲計算背景下，審計人員面臨著篩選海量數據和選擇合適的審計證據的雙重壓力。傳統的搜集審計證據的途徑都是基於因果關係理論，而現代大數據分析則為審計人員提供了新的思路——相關關係分析。值得注意的是，在大數據背景下應用相關關係理論時，事物之間的因果關係仍然成立，只是在分析數據時更多地依賴於相關關係。在審計過程中，能夠被審計人員搜索到的證據大多數情況下是非常複雜的電子證據，而雲計算更會加大收集因果證據的難度。因此，在大數據和雲計算技術的推動下，審計人員應該轉變觀念，越來越多地運用相關關係分析搜尋審計證據。

3. 促進了大數據審計人員專業能力的發展

大數據能夠發揮作用是基於數據的真實性和可靠性。在大數據和雲計算時代，需要有專門的技術人員來鑒定這些數據是否真實可靠，審計人員在承擔這項責任時應當具備專業的計算機網路技術和審計技術、有很強的數學能力、能夠熟練掌握統計學知識，並且具有大數據分析和評估能力。審計人員處理大數據時應該選擇合適的分析工具，以公平公正的精神來解讀大數據，判斷其真實性和可靠性。在審計過程中出現問題時，審計人員有權力對與分析結果相關的數據進行審查。

4. 推動了持續審計方式的發展

在以前的審計過程中，審計人員必須在被審單位業務全部完成之後才能開始工作，而且審計也只是針對項目中的一部分數據，因此這種審計方式在評價企業經營管理業務是否真實與合法方面有一定的局限性。大數據與雲計算技術的出現，推動了審計行業向持續審計方式發展，很好地解決了審計過程與業務活動之間存在時差的問題，保證了審計工作的順利進行。將現代信息技術和大數據、雲計算相結合，將經濟活動數據化，實時發現問題並能及時解決問題。

5. 推動了審計成果的綜合應用

審計人員在完成審計過程後，審計成果主要是以審計報告的形式反饋給被審計單位。審計報告格式比較固定，內容也太單一，信息含量較少，既不能體現審計人員的所有勞動成果，也不能讓被審計單位充分認識到業務項目中存在的一些問題。大數據和雲計算技術的應用，審計人員還可以將審計過程中收集到的所有數據和資料進行不同角度的分析歸納，提出業務、財務和項目管理中存在的共同問題及發展規律，並反饋給被審計單位，有助於被審計單位改善目前的業務管理，滿足企業發展的需求，推動審計成果的綜合應用。

6. 推動了總體審計模式的應用

由於不能獲取被審計單位經濟業務的全部數據進行分析，目前中國審計行業主要採用的是在對被審計單位進行風險評估的基礎上進行抽樣審計的審計模式。這種審計模式存在抽樣調查的局限性，造成審計過程中可能無法發現企業存在的違法行為，存在著巨大的審計風險。審計人員在應用大數據與雲計算技術後，可以採用總體審計模式，搜索被審計單位所有與經濟業務活動相關的數據並進行分析。總體審計模式在很大程度上改變了審計人員傳統的思維方式，在對搜索到的所有數據進行全方位的分析後，更容易發現隱藏在數據背後的問題，極大地降低了審計風險。

大數據和雲計算技術的廣泛應用對中國審計行業產生了深遠的影響，審計單位、審計人員和審計技術在大數據時代都需要改革。審計行業應該根據自身的特點，制定可以實施的雲計算審計戰略，以期在短時間內實現審計業務的大數據化。大數據與雲計算作為新興技術必然面臨著目前法律依據不足的現狀，法律依據問題會制約審計行業對於雲計算技術的運用，因此加快大數據時代審計法律法規建設勢在必行。

另外，內審行業在應用大數據與雲計算時應該建立單獨的審計分析平臺，以大數據為平臺中心，利用雲計算技術，實現數據的遠程存儲和數據的移動計算，有利於減少數據在移動過程中造成的損失，保持數據的完整性。審計單位在大數據環境下需要開發更多適合自身發展的審計分析模型和研發更多的審計分析軟件，有助於解決不同的具體問題。

最後，內審行業的發展需要每一個審計人員的共同努力，在大數據與雲計算技術時代，內審人員應該認識到自身的不足，提高對於大數據和雲計算的認知和應用能力。

第六章 中國內部審計的轉型和發展選擇

第一節 中國內部審計轉型的必然性

內部審計轉型是指內部審計從以財務審計為主，轉為財務審計和效益審計、管理審計並重，通過「精細化」和「全程化」的方式，從單位全局出發，增強內部控制管理，減少企業管理漏洞從而規避風險，最終為單位增加價值，是現代內部審計發展的必然趨勢。

一、內部審計轉型的必然性

以風險為導向、以控制為主線、以增值為目標的內部審計是國際內部審計發展的必然趨勢，也是建立現代企業制度、提升企業競爭力、經濟快速增長等的必然要求。內部審計作為經濟快速發展的「守門員」，必須要根據經濟的發展而發展，及時轉型，才能為經濟的快速發展真正起到保駕護航作用。現將內部審計轉型的原因總結如下：

1. 內部審計轉型是推進公司治理的需要

推進內部審計全面轉型與發展，其核心內容是推行公司治理審計、

內部控製審計和風險管理審計。這是現代內部審計的三個重要標誌。隨著公司治理的重要性不斷突出，內部審計部門不得不將公司治理列為優先審計的對象。內部審計在公司治理中是一個不可或缺的重要環節，同時也只有把內部審計納入到現代企業制度建設的總體佈局之中，充分發揮內部審計在完善公司治理、健全內部控製機制、加強風險管理中的職能，才能充分體現出內部審計的重要作用。公司治理對內部審計提出了新的要求，同時也為內部審計轉型提供了一個很好的平臺。所以內部審計必須抓住這一有利時機，充分利用這個平臺實現審計轉型，使內部審計工作適應經濟發展的需要，適應企業改革的需要，提升內部審計的內涵。

2. 內部審計轉型是現代企業自我發展的內在需要

隨著近年來企業改制、改革工作的推進，企業已經實現了以資本為紐帶，通過市場經濟形成具有較強競爭力的跨地區、跨行業、跨所有制，甚至於跨國經營的大型企業集團。集團公司中母子公司的組織結構越來越龐大，層次又越來越多，公司治理中的所有權、決策權、經營權之間的相互制衡關係越來越複雜。集團管理層要在企業內部各層次之間形成和諧有效的相互支持與制衡、和諧發展的企業運作機制，必須完善企業內控機制，確保企業管理規範化。而充分發揮內部審計在內部控製和風險管理中的作用，是提高企業管理水平的有效手段。近年來一些企業因盲目擴張、資本運作無序混亂、失控等原因引起的倒閉案例，充分證明了缺少有效的控製，就無法保證資產的有效運作和資本的安全。內部審計只有實現在審計上的轉型，才能適應企業管理的需要，才能在充分發揮內部審計對提升企業管理水平、規避經營風險上的積極作用。

3. 內部審計轉型是內部審計自身發展的必然要求

內部審計要想發揮重要作用，必須要適應形勢發展的需要、適應企業經營管理的需要，利用現代電子信息技術的快速發展，管理水平的提

高，及時轉型升級，在提升企業經營管理水平、提高經濟效益、防範經營風險等方面發揮作用，更好地服務於企業的發展，將內部審計作為一種對被審計單位的服務，以服務為導向，拓展審計領域，建立「服務導向型」內部審計，這既是中國內部審計發展的要求，也是受託責任關係發展變化的體現，同時只有這樣才能內部審計之路越走越寬，發揮重要作用，有生存和發展的空間。

4. 內部審計轉型是適應經濟社會轉型的外在需要

審計與經濟社會的發展是密切相連的。早期的計劃經濟為主、市場經濟為輔的時代，傳統的審計工作主要是對財政財務收支真實合法性的審計。那種審計模式、方法和理念是滿足計劃經濟要求的，當時不可能也不需要提出審計工作轉型的問題。而隨著社會主義市場經濟體制的逐步完善，市場經濟取代了計劃經濟。市場經濟的本質特徵就是按照市場經濟發展的客觀規律追求效益的最大化。這正是效益審計的目標。

二、內部審計轉型的可行性分析

1. 現有理論成果為內部審計指明了轉型方向

隨著中國經濟的快速發展，傳統審計模式已不再適應市場的需要，審計必須發揮為組織降低風險、增加價值的作用。劉家義審計長在2008年4月舉辦的「推進內部審計轉型與發展研討會」上說：「內部審計不僅是現實資產的守護者、財務帳表的復核者、會計核算的勾稽者，更是強化管理的促進者、提高效能的推動者、價值增值的倡導者。」這是對新時期中國內部審計的重新定位，與國際內部審計發展趨同，但是內部審計轉型不是一句空話，需要用實際行動來落實。隨後全國審計學者開始從內部審計的職能、方式、手段、過程等方面對內部審計轉型進行深入研究，形成的理論成果為推動內部審計的轉型升級指明了努力方向。

2. 現有建設成就為內部審計奠定了轉型基礎

過去幾年來，各級內審協會和內審機構主動適應內部審計工作發展形勢，注重了審計人員培養，加大了審計宣傳力度，制訂了審計轉型方案，拓寬了審計範圍，普遍試行了以風險為導向、以控製為主線的審計方式，探索開展內部控製審計、績效審計和管理審計，以漸進方式推進內審轉型；內部審計的角色從傳統的單一專注財務領域查錯糾弊，轉到評價和改善治理、風險防範與有效控製，從維護組織價值邁向了為組織增值階段，彰顯了內部審計轉型帶來的巨大活力；內部審計人員由原來知識結構單一逐步向複合型人才轉變，人員數量及獨立性等都有了較大的提高等。如今內部審計已成為一支結構合理、成就顯著、經驗具備的社會主義市場經濟建設中的主力軍。現有的建設成就為積極推進內部審計奠定了轉型基礎。

三、內部審計轉型的立足點

內部審計轉型是一個必然，但如何轉型？轉向何方？這必須要有明確的方向和立足點。

1. 要在服務企業中加快內部審計轉型

內部審計是一項立足於企業，服務於企業，具有很強內項性的監督工作。內審部門要強化服務，拓寬領域，牢固樹立「監督利於服務，防範勝於糾正」的工作理念。作為企業管理當局，最重要的是企業的經營目標是否能實現，行政指令是否得以貫徹執行，經營政策和分配方案是否與經營目標相適應。

所以內部審計轉型要關注企業目標，關注企業的重點問題，關注績效，關注責任。站在出資人的角度，促進下屬各層次企業管理層督促主要對象的審計問責制和績效考評體制的建立和完善。

2. 要在創新中加快內部審計轉型

創新是內部審計轉型的核心，要從審計的理念、審計的內容、審計的方法和技術等方面進行全方位的創新。

要以審計監督為主向監督與服務並重轉變，要由財務控製審計為主向業務控製審計並重轉變，要以查找會計錯誤和舞弊行為主向管理與審計並重轉變，要由事後審計為主向事前、事中審計轉變，特別要注重對過程的審計，要使審計從防禦為主向積極控製為主轉變，要讓以審計為主體的監督體制向審計組織協調、整合監督資源的大監督體制轉變，要從傳統的審計技術和方法向先進的審計技術和方法轉變。

四、內部審計轉型的意義

1. 有利於規範管理

轉型後的內部審計注重對企業內控管理進行監督、檢查和評價，由事後審計擴展到事前、事中、事後全程跟蹤審計。這種管理審計方式可以及時發現企業風險點，通過加強管理，建章立制，堵塞制度漏洞，並監督制度執行力度，同時擴大審計時間範圍，前期介入，中期監督，後期跟蹤，無形中給被審計單位增加了按規章辦事、按制度開展工作的緊箍咒，規範了企業管理，提升了審計質量。

2. 有利於提高效益

轉型後的內部審計直接將價值增值作為目標，要求內部審計要服務於公司的經營管理和經營目標，要關注資產質量、負債結構的合理性及償還能力，在摸清家底、防範風險的同時對企業的盈利能力、償債能力、抗險能力、管理偏差、發展能力進行測試，全面評估企業可持續發展能力，促使企業健康有序地發展，確保企業資產保值增值。

3. 有利於提升競爭力

內部審計轉型後能規範企業管理，從制度上補缺改差，增強制度的

執行力,做到政令暢通,提高企業的管理能力;從流程上規範營運,增強營運的透明度,做到流程規範,樹立企業的優質品牌;從廉政上關口前移,加強反腐倡廉建設,做到清正廉潔,提升企業的社會形象;從效益上最終突破,築牢企業競爭基礎,做到穩抓穩打,提升企業的社會地位。

4. 有利於加強黨風廉政建設

轉型後,一方面,內審人員注重對企業內控管理審計,對企業有更全面的瞭解後,更容易發現企業治理過程中的高風險點、高腐敗點,在審計過程中,能有側重地幫助企業查找制度和管理的漏洞,及時反饋各類審計信息,在制度完善、加強管理、健全機制等方面提出建議,使被審計單位增強依法合規意識、完善體制、制度、控製的缺陷,杜絕屢查屢犯;另一方面,審計關口前移,推行事前、事中和事後審計相結合,可以規範被審計單位的財務收支和領導幹部的決策行為,促進其決策水平的提高,防止濫用權力,充分發揮內部審計的防護性和建設性作用,加強黨風廉政和建設。

第二節　中國內部審計未來的發展趨勢

一、內部審計轉型中面臨的問題

1. 轉型審計效果不佳

如開展的管理審計,對促進企業提高效益作用不明顯。管理審計是一種建設性審計,除審計中發現重大違規違紀或內部控製重大缺陷等情況外,其審計結論不具有強制性,一般以審計意見書形式建議被審計單位採納。對管理審計提出的意見和建議,有的被審計單位的管理者怠於

作為和配合。同時提出的促使被審計單位完善管理、降低風險、增收節支的審計建議，往往由於缺少後續審計而得不到落實。審計效果不好，最終將影響審計轉型，甚至影響內部審計的生存和發展。

2. 審計部門任務繁重，沒有更大的精力

深入探索效益審計、風險審計的理論與實務。目前財務行為還需要進一步規範，私設「小金庫」、預算執行不嚴格、亂擠亂攤成本、任意改變經營成果現象時有發生。這樣我們一方面開展財務收支審計，又要開展效益審計、風險審計，造成審計人員比較疲勞，沒用充分的時間來研究現代審計理論。

3. 收集非財務資料難

在管理審計實施過程中，我們不僅需要查閱財務資料，還要收集涉及生產經營管理的各個方面資料。但在收集非財務資料時，有時會遇到下列問題：

（1）被審計單位有的部門、基層單位原始記錄不完整、不準確，給審計工作帶來難度；

（2）有的部門不理解審計，認為審計只是審財務部門，找各種理由拖延，不願給審計部門提供材料，甚至與審計人員發生爭執；

（3）有的部門提供不真實的非財務資料；

（4）有的單位以保護商業秘密為由，拒絕提供標準成本、產品定額等資料。實際成本無法與標準對比，使審計工作受限。

4. 效益審計缺乏評價標準

在開展效益審計的過程中，由於缺乏具體的評價標準，只能根據審計人員掌握的有限資料或經驗做出職業性判斷，這就影響了審計質量，也增加了審計風險。如我們開展對某單位資源利用效益審計時，通過對各項資料數據的統計、歸納、對比後，因為缺少評價標準，得不出該單位資源的利用程度是高是低的結論，影響了審計工作的正常進行。

5. 人員素質不能適應審計轉型的要求

目前內審機構大部分人員為財會人員，管理、工程技術、法律、IT業人員不多，無法滿足管理審計工作的需要。

如我們開展海外業務風險分析時，就感到缺少人民幣套期保值、遠期結售匯等金融知識，缺少涉外合同管理、國際政治、地理方面的知識，這樣對人民幣升值帶來匯兌損失風險，涉外合同管理面臨的風險以及地理經濟等問題存在認識不夠的問題就無法有效、快速地評估和解決。再如對供電公司變電運行過程中產生的一些電力過網損耗，由於缺少電學知識，不能準確計算，導致無法核實供電收入的完整性。

6. 計算機輔助審計系統應用水平不高

雖然我們啟動了計算機輔助審計系統，但對其強大分析、查詢功能存在應用不夠的問題。一些單位對計算機輔助審計系統的應用，僅停留在憑證、帳簿和報表的查詢層面，缺乏對審前預警、審計分析和審計工具等功能模塊的應用。

二、內部審計轉型的措施

內部審計轉型工作是在繼續強化原有傳統審計工作的基礎上，以更高的標準和要求，對審計工作的進一步延伸、拓展和提升。將內部審計工作滲入到企業的各項經營管理活動中，不僅要關注企業內部控製制度執行情況，更重要的是立足於防範，加強內部控制與風險管理的薄弱環節，提出加強管理合理性意見和建議，促進企業穩步健康發展。具體來說，在審計理念上，要由重檢查糾錯、輕評價治理，向檢查與評價、糾錯與治理並重轉變；在審計定位上，要由維護財經法紀、服務於執行力建設，向提升公司價值、服務於公司戰略實施轉變；在審計職能上，要由單純監督向監督與服務並重轉變；在審計內容上，要由只關注財務收支向經營管理全方位延伸；在審計方式上，要由事後審計向全過程審計

轉變；在審計手段上，要由手工操作為主，向利用計算機、信息網路技術發展。要做好內部審計的轉型工作，必須做好以下幾個方面：

1. 更新傳統觀念，樹立服務意識與理念

內部審計工作的轉型勢在必行，因此搞好內審工作，作為企業及其管理人員來講必須轉變觀念，認真履行監督和服務職能，著眼於預防控制，努力實現管理效益審計，在促進企業加強管理、加強內部控製和提高經濟效益，推動企業健全自我約束機制、防範經營風險、維護合法權益等方面發揮積極作用。內部審計只有轉變觀念，將審計工作重點轉移到對管理制度和管理行為的關注上，組織開展業績考核審計和風險型審計，這樣才能提高效益，實現內部審計工作的轉型。內部審計必須由關注歷史向關注現狀轉變，由關注結果向關注流程轉變，由事後審計為主向全過程審計轉變，才能實現管理效益審計。內部審計工作就是要通過轉型，來促進企業管理水平的提高，規範企業的經營行為，為企業服務，為企業提高經濟效益服務。企業內部審計是企業經營管理的一項重要工作，是企業經營者為提高經濟效益而進行的一項系統的經濟監督活動，審計與服務是一致的。內審人員要參與企業的經濟活動，更好地為企業的經營管理和經濟效益服務。

2. 增強人員全面素質，樹立自身良好形象

內部審計人員只有從學習、工作和職業道德等方面提高自身的能力，才能打好內部審計的基礎，做好審計工作。要增強學習能力。面對企業發展的新形勢，要加強學習，深入開展創建學習型組織的活動，要重視對新的法律法規、政策以及新的會計制度的學習、理解和應用。提高工作能力。要樹立工作學習化，學習工作化的理念，努力解決審計工作中出現的新情況、新問題，要認真學習、深刻認識、準確把握審計工作轉型的基本內涵、原則要求和重要意義，切實增強工作的主動性和針對性。隨著改革的不斷深入，各種矛盾日益複雜化，這就需要我們認清形勢，關注熱點，

把握重點、協調關係、提高應變能力、當好領導的參謀，真正地做好企業的內審工作，服務於企業的內部經營管理。要遵守職業道德規範，不得將在審計過程中得到的信息隨意進行披露。保證以客觀、公正態度參與項目審計，贏得被審計者的信任和支持。提高審計人員的自身形象，要量力而行、突出重點，對重點問題查深查透，找出深層次的原因，為領導決策提供依據；堅持實事求是、客觀公正的原則，嚴肅處理違規行為。嚴明審計工作紀律是審計形象和工作質量的保證。

3. 明確審計重點內容，拓展審計範圍

實現審計工作由查錯糾弊向績效型、風險型審計轉變，其基本含義是以加強控制、防範風險、提高效益為目標，將內部審計範圍從傳統的財務收支擴展到經營管理的各個方面，評價公司資源利用的經濟性和有效性、內部控制制度的健全性和有效性、防範和化解經營風險措施的可行性和有效性。內部審計的工作重點必須從傳統的查錯防弊轉向為公司內部管理、決策及效益服務。內部審計應重點向內部控制評審、經濟責任審計、風險管理審計、經濟效益審計等領域拓展作業。內部審計應立足於公司經營管理的需要，圍繞公司經營管理者關心的問題，以加強公司內控管理、提高公司風險防範和整體效益為中心，不斷提高審計工作質量和效果。

4. 轉變傳統工作職能，提高審計質量

內部審計人員應強化風險意識，在審計中以風險為基礎制訂審計計劃，從審計準備階段開始就考慮審計風險，並按照風險的高低進行排序，充分收集和分析相應審計業務的資料，並將風險控制在最低水平，從而降低審計人員的審計風險。在審計過程中，一般採取問題導向型審計方式。

即鼓勵被審部門的人員在審計過程中表述所關心的問題，在編寫審計報告時使用正面而非責難性的措辭，對薄弱環節和存在的問題提出可改進的方法，不僅是簡單地予以揭露；將詳細的審計建議報告直接送給

一線管理人員,以便及時採取措施,就地解決問題。在編送審計報告時,要注重事實的準確性、清晰性、建議的可行性、內容的重要性及報送的及時性。

5. 改進審計手段,合理運用信息系統

信息化程度的不斷提高,對內審技術手段提出了更高的要求。要求審計人員改進審計方法,規範審計程序,採取現代審計手段,提高審計質量,規避審計風險。為了適應社會發展信息化、數字化和網路化的趨勢,審計工作要進行對傳統的審計方法和手段的變革,大力推進審計信息化建設,要利用現代化的工具開展審計工作,積極推廣應用行銷自動化軟件和審計綜合管理信息系統軟件,要將軟件應用作為審計信息化建設的突破口,把辦公自動化作為審計信息化建設的推動力,把培訓作為審計信息化建設的基本保證,把網路建設作為審計信息化建設的基礎,力爭將審計信息化建設推向一個新階段。

6. 培養集體意識,發揮團隊作用

內部審計部門要重視調動每位審計人員的積極性,讓每位審計人員輪流當主審,不停地變換角色,出謀劃策,群策群力,學會換位思考,提高工作效率,增強同事間的凝聚力,以激發大家的熱情,發揮團隊的積極作用。此外,還要加強有效溝通,促進相互理解。有效溝通是內部審計日常工作的重要組成部分,貫穿於審計的整個過程。有效地溝通交流,可以化解誤會、消除矛盾和解決問題。要提高審計項目質量,與被審計單位的溝通交流是關鍵。溝通既是內部審計工作者必備的素質要求,也是做好內部審計工作的一個重要方法。

7. 注重後續審計,鞏固審計成果

審計報告中的審計建議體現了審計工作賦予審計人員的責任,但是在現實中許多組織並沒有在內部審計工作中落實完善的後續審計工作。這使得內審的目的或價值得不到體現,違規違紀問題得不到糾正,有損

內部審計的可信度和威信，損害內審人員的忠誠度和職業形象，最終導致內審工作成為流於形式的工作，失去了真正的內涵價值。只有注重後續審計，才能鞏固審計成果，真正起到審計的作用。根據內部審計中發現的問題，督促和幫助被審計單位制定整改方案，採取後續審計或審計回訪的方式，促進審計成果的運用，切實解決審計中存在的問題，真正發揮內部審計應有的作用。

第七章　內部審計與內部控製

內部審計和內部控製是企業規模和經營範圍擴大後企業進行有效管理的重要措施，兩者在現代企業管理中既相互聯繫又相互區別，既相互作用又各自獨立存在。由於內部審計具有評價、監督以及諮詢的作用，因而決定了內部審計應該成為內部控製活動的重要工具；同時，內部控製在不斷更新和完善中又反過來促進了內部審計制度的發展，二者既相互包容又協同發展。所以企業必須準確而深刻地理解二者的基本關係，以促進公司治理的完善和經營管理的改進，保障企業健康有序運行。

第一節　內部審計與內部控製的關係

對於內部審計與內部控製的關係，中國著名的內部審計專家王光遠教授在《內部審計思想》（譯著）的序言中曾經談過，無論是對於內部審計理論與實務，還是內部審計的職業地位來講，內部控製都舉足輕重。1971 年國際內部審計師協會（IIA）的第 3 號「內部審計師職責說明書」將內部控製評價作為內部審計的主要職責，1977 年美國的《國外反貪污行賄法》更是確立了內部審計在內部控製方面的法定職責。內部控製是現代內部審計的主要產品。審計學家錢伯斯認為，內部審計所

擁有的一套管理理論需要以內部控製概念為中心。審計學家布林克在回首IIA五十年時指出，內部審計最應該關注的是「內部控製」。

如果我們把內控的「監督評審」職能視為內控「寶塔」上的最高級的部分，那麼內審（稽核）監察工作就應該處於內控寶塔的尖頂部位。所謂「再監督」就是在前述兩道防線之後的第三道防線，每一個公司都應當設立這一防線。其重要性不僅僅在於內審（稽核）已經變成了最後一道防線。儘管從監督職能的角度來看，內審監察部門的工作量應大大少於經營管理部門的自我監督檢查和財會部門的管理監督，但是，內審監察部門的獨立性和應有的權威性，加上其組織系統的垂直性，賦予了該部門行使對內控進行再監督和再評價的特殊的、重要的職能。這種重要性主要體現在稽核檢查人員在嚴密的計劃和組織之下，能夠獨立地按照法人要求，有選擇地對內控的各方面行使其檢查職能，並能夠將檢查評價結果直接地反應到高級管理層乃至最高領導人，然後有權督促內審監察建議的落實。為了強化內審監察部門的監督職能，許多西方的公司和企業都成立了獨立於經營管理活動之外的內部審計（稽核）部門。在組織結構上，內審監察部門並非獨立於內控的整體框架之外，內審監察部門也屬於控製的一部分，其本身也需要對自身的各種內部和外部的風險進行評估，並相應採取認真的自我控製措施，在進行信息交流的同時加強自我監察和評價。當公司的內部控製向風險管理的階段跨入時，內部審計要更多地參與其中，並有效地發揮作用。

一、內部控製理論

1. 內部控製的產生和發展

「control」一詞最初從「contrarotulus」派生而來，意為「對比宗卷」。著名學者塞繆爾·約翰遜（Samuel Johnson）將其解釋為「由另一個職員保管的登記簿或帳冊，可由他人逐項檢查」。內部控製觀念一經

問世,就受到理論界、實務界、政府和社會公眾的廣泛關注。內部控製所能發揮的作用,甚至超過了內部審計師、政府和外部審計師。通常在實務中認為,內部控製、公認會計原則和公認審計準則這三項,被並稱為現代審計的三大支柱,是現代審計出現的重要標誌。即便是現代的風險導向審計,仍然非常重視對內部控製的瞭解、測試與評估。

在這種背景下,內部控製理論與實務的發展非常迅猛。如果說從古羅馬時代的內部牽制(以不相容職務分離和授權批准控製為標誌)到 1958 年的內部控製兩分法(會計控製和管理控製)、1988 年的內部控製結構(控製環境、會計系統和控製程序),這一過程還稍顯漫長的話,那麼 1992 年的內部控製整體框架和 2004 年的企業風險管理整體框架,則印證了內部控製觀念的快速更新。

2. 內部牽制階段

內部牽制階段(Interal Check)是內部控製發展進程中的第一階段,也是內部控製發展史上經歷時間最長的階段。有史料記載的內部牽制始於公元前 4000 年的古埃及國庫管理。在法老統治的古埃及中央財政國庫管理中,已初具內部牽制的雛形:銀子和穀物等物品接收時數量的記錄、入庫時數量的記錄與實物的觀察、接收數量與入庫數量的核對,分別由三名人員完成;倉庫的收發存放記錄由倉庫管理員的上司定期檢查,確保記錄正確,帳實相符。在古羅馬時代,隨著會計帳簿的設置,尤其是「雙人記帳制」的出現,豐富了內部牽制的技術措施。即一筆業務發生後,必須由兩名記帳員在各自的帳簿中同時加以反應,然後定期將雙方帳簿記錄加以對比考核,以審查有無差錯或舞弊行為,達到控製財物收支的目的。

到 15 世紀末,隨著資本主義經濟的初步發展與會計體系的成熟,內部牽制也發展到一個新的階段。以義大利出現的復式記帳方法為標誌,內部牽制漸趨成熟。它以帳目間的相互核對為主要手段並實施一定

程度的崗位分離，在當時一致被認為是確保所有錢財和帳目正確無誤的一種理想控製方法。18世紀工業革命後，企業規模逐漸擴大，公司制企業開始出現。當時，美國鐵路公司為了對遍及各地的客運、貨運業務進行控製和考核，採用了內部稽核制度。因收效顯著而被各大企業紛紛效仿。20世紀初，資本主義經濟迅猛發展，股份有限公司的規模迅速擴大，為了提離自己的市場競爭力，攫取更多的剩餘價值並防範和揭露錯弊，美國的一些企業逐漸摸索出一些組織、調節、制約和檢查企業生產經營活動的內部牽制辦法。按《柯氏會計辭典》（*Kohle's Dictionary for Accountant*）的解釋，內部牽制是指：「提供有效的組織和經營並防止錯誤和其他非法業務發生的業務流程設計。其主要特點是以任何個人或部門不能單獨控製任何一項或一部分業務權力的方式進行組織上的責任分工，每項業務通過正常發揮其他個人或部門的功能進行交叉檢查或交叉控製。設計有效的內部牽制以便使各項業務能完整、正確地經過規定的處理程序，而在這規定的處理程序中，內部牽制機能永遠是一個不可缺少的組成部分。」

3. 內部控製制度階段

20世紀40~70年代，內部控制的發展進入內部控製制度（Internal Contral System）階段。內部控製制度的形成，可以說是傳統的內部牽制思想與古典管理理論相結合的產物。

關於對公司內部控製問題的研究，近年來國外由規範研究、調查研究和案例研究逐漸過渡到更多的實證性研究。尤其是在美國的SOX法案頒布之後，大量「安然事件」的爆發引起了人們對公司內部控製的關注和討論，國外有關的文獻也認為內審機構在公司內部控製中起著極為重要的作用，內審機構越有效率，公司內部控製存在缺陷的可能性就會越小，公司面臨的潛在風險也就越少。同時，若是公司的治理不夠健全，管理層或者是大股東就有機會和動機去操縱會計信息。也就是說，

公司的治理機制越健全和完善，公司的內部控製存在缺陷的可能性就會越小。國外的實證研究也證明了公司的治理機制對內部控製有著非常重要的影響。

二、內部審計是內部控製的組成部分

1986 年 4 月，最高審計機關國際組織在第十二屆大會上發表的《總聲明》，對內部控製做了權威性解釋：「內部控製作為完整的財務和其他控製體系，包括組織結構、方法程序和內部審計。它是由管理當局根據總體目標而建立的，目的在於幫助企業的經營活動合法化，具有經濟性、效率性和效果性，保證管理決策的貫徹，維護資產和資源的安全，保證會計記錄的準確和完整，並提供及時的、可靠的財務和管理信息。」該解釋將內部審計作為內部控製的一個重要組成部分。1992 年 COSO（Committee of Sponsoring Organizations of the Treadway Commission）《內部控製——整體框架》一書認為內部控製中的「監督」因素也包括內部審計。

1. 內部審計是內部控製不可或缺的組成部分

內部審計是為加強內部經濟監督和經營管理的需要而逐漸發展起來的，是企業內部一種獨立的評價工作，通過檢查會計、財務及其他業務，為管理提供諮詢、建議等服務。內部審計作為監督的一個重要角色，置於整個內控的較高層。

2. 內部審計又是對內部控製的控製

內部審計是全面審查、監督內控製度的專門組織，它獨立於會計控製之外，具有其他任何部門和控製所無法代替的重要作用。目前，內部審計範圍已從傳統的財務收支審計擴展到經營管理的各方面。根據國際慣例，內部審計通常代表管理層對整個企業內部控製制度的健全性、有效性及其遵循情況等進行評價，所以它又是對內部控製的控製。

在中國，內部審計是指被審計單位內部機構或人員，對其內部控製的有效性、財務信息的真實性和完整性以及經營活動的效率和效果等開展的一種評價活動。內部審計既是內部控製系統中的一個重要分支系統，又是實現內部控製目標的重要手段。中國的《企業內部控製基本規範》指出，「內部控製是由企業董事會、監事會、經理層和全體員工實施的、旨在實現控製目標的過程」。

三、內部審計在內部控製中的定位

隨著社會上人們對內部審計的認識不斷加深，內部審計的使命日益加重，在企業中發揮的作用不斷增強，內部審計在企業經營管理系統及內部控製系統中的定位也越來越明確。從控製體系的層次來看，內部審計是內部控製的組成部分。一個組織的控製有三個層次，第一個層次是指具體的操作層次的內部控製，又分為兩級控製：第一級指建立在具體操作人員水平上的內部控製，防止操作風險的發生；第二級是指建立在管理人員水平上的內部控製，旨在對操作人員形成監督，保證第一級內部控製的有效性。第二個層次的控製是指獨立於具體操作和管理之外的內部審計，仍然是內部控製的範疇。一個組織的內部審計部門直接向獨立的審計委員會、董事會或最高決策人負責，對具體的操作和管理部門內部控製的充分性和潛在的風險進行評價，並提出審計建議，旨在降低第一個層次內部控製無效產生的風險，從整體上保證組織目標的實現。第三個層次的控製即外部的監督和審計。對於一個組織來說，這是外部控製範疇，外部監督和審計往往通過立法和檢查評價活動，促進一個組織加強內部控製。事實上，從更高一級系統來看，外部監督和審計（如政府監管、國家審計等）也是包括眾多組織的一個經濟整體內部控製的構成部分。

四、內部控製與內部審計的區別

簡單來說，內部控製就是企業對風險管理策略的執行。企業在根據戰略目標對實現戰略目標的各類風險進行評估，並根據企業的風險偏好和風險容忍度制定出風險管理策略，將這些風險管理策略落實的工作就是內部控製的工作。也就是說內部控製是企業為了保證它的戰略目標的實現，而對實現目標的過程中潛在風險進行管理的各種方法、措施和程序。中國的內部控製研究是隨著審計事業的發展而發展起來的。

對於企業來說，內部審計是內部控製評價的重要組成，內部審計在內部控製評價中發揮著重要的作用。內部審計人員直接對內部控製進行檢查和評價，並針對相關的控製弱點提出改進意見。可以說，企業的所有活動都在內部審計人員的職責範圍之內，既對財務報告內部控製的程序和方法進行檢查，也對與企業的經營活動相關的內部控製發表意見。根據內部審計師協會建立的內部審計職業守則的規定，內部審計人員應該做好以下幾項工作：

（1）對企業的財務和經營信息的可靠性和真實性進行檢查，並對相關的信息進行鑑別、計量、分類和報告；

（2）檢查所建立的系統來確保其遵從相關的政策、計劃、程序、法律法規等，這些方面都會對企業的經營活動和報告產生重要的影響；

（3）檢查所建立的保護資產安全完整的內部控製；

（4）檢查相關的經營活動或項目，確保其結果與設立的目標相一致，並確保這些經營活動或項目按照計劃得到執行。

至於公司治理與內部控製的區別，一般認為，公司治理包括內部公司治理和外部公司治理。所謂內部公司治理或稱法人治理結構、內部監控機制，是由股東大會、董事會、監事會和經理等組成的用來約束和管理經營者的行為的控製制度。其主要治理機制：董事會選舉規則及程

序、代理人之爭、外部董事、報酬激勵機制、董事會與經理層權利的分派與劃分等。所謂外部公司治理或稱外部監控機制，是通過競爭的外部市場（如資本市場、經理市場、產品市場、兼併市場等）和管理體制對企業管理行為實施約束的控製制度。而內部控製，按照COSO1992年的定義，是指由企業董事會、經理階層和其他員工實施的，為保障營運的效率效果、財務報告的可靠性、相關法令的遵循性等目標的達成而提供合理保證的過程。建立並維持恰當的內部控製是管理當局受託責任的重要組成部分。內部公司治理是由所有者、董事會、監事會和高級經理人員組成的一定的制衡關係，是用來約束和管理經營者的行為的控製制度。內部控製是企業董事會及經理階層為確保企業財產安全完整、提高會計信息質量、實現經營管理目標，而建立和實施的一系列具有控製職能的措施和程序。公司治理解決的是股東、董事會、經理及監事會之間的權責利劃分的制度安排問題，更多的是法律層面的問題。而內部控製則是管理當局（董事會及經理階層）建立的內部管理制度，是管理當局對企業生產經營和財務報告產生過程的控製，屬於內部管理層面的問題。內部控製解決的是管理當局與其下屬之間的管理控製關係，其目標是保證會計信息的真實可靠，防止發生舞弊行為。換言之，內部控製是在公司治理解決了股東、董事會、監事會、經理之間的權責利劃分之後，作為經營者的董事會和經理為了保證受託責任的順利履行，而做出的主要面向次級管理人員和員工的控製。內部控製並不能夠約束最高管理當局本身。

第二節 內部審計對內部控製的促進作用

一、參與內部控製的風險評估

根據 COSO 內部控製整體框架，內部控製活動的開始是要進行風險評估。風險評估過程包括確立企業的目標，識別上述目標相關的風險，評估識別出風險的後果和可能性，針對風險評估的結果，考慮適當的控製活動。從上述過程可以看出，只有評估了風險點，才能設計有針對性的控製程序。大多數人認為全面的風險評估對於一個組織的成功已變得越來越重要。外部審計人員儘管具有豐富的衡量企業實現財務目標的盈利能力及企業流暢的經驗，也有設計企業會計計量系統的經驗，但他們對評估未來風險方面的經驗不如內部審計人員。美國的研究結果表明了這一點。

2001 年，IIA 將內部審計定義為一種獨立、客觀的保證和諮詢活動，其目的在於為組織增加價值和提高組織的運作效率，通過系統化和規範化的方法，評價和改進風險管理、控製和治理過程的效果，幫助組織實現目標。

二、參與內部控製的設計

內部控製是一個龐大的系統，它的設計也是一個複雜的過程，通常包括總體設計與具體設計兩種類型。所謂總體設計是與控製環境息息相關的設計，它在設計過程中要考慮環境控製因素，包括管理哲學、經營風格、組織結構等。所謂具體設計是指對具體的程序和活動的設計，如銷售和收款循環設計、購貨與付款循環設計等。中國目前很多企業的內

部控製設計程序是先由總部負責內部控製部門進行總體設計，再由各個部門起草設計與自己相關的內部控製，最後匯總到總部管理部門。因為各個具體部門總是設計對自己有利的制度且要求較低，所以總部管理層必須站在企業的角度，對內部控製不斷修改，再由各個部門去執行。雖然內部控製的制定經歷了初稿-匯總-修改-實施的過程，但並沒有到此結束。因為內部控製是一個動態的過程，它是一個在實施中發現問題、解決問題，再對制度不斷進行刪除和更新的過程。而內部審計正處在控製環境中，對企業的各個方面都比較熟悉，又直接面對各種缺陷與舞弊，正好可以適應這種不斷循環運動的特點。因此企業在設計內部控製時，內部審計人員要作為主要參與人員，這樣才可以起到事半功倍的效果。

三、監督內部控製的運行

內部控製是由一系列控製政策、制度與程序組成的整體系統，在這個系統中充分體現了管理者的管理理念、管理風格和對管理目標的追求。為了確保這些政策與程序得到全面、準確地執行，必須要有監督。很多企業建立了大量規章制度與程序（當然這僅是內部控製的一部分），卻只停留在紙上，沒能真正發揮作用，一個很重要的原因就是沒有強有力的監督力量。沒有監督或者監督不力，違反政策、制度與程序得不到明確的懲罰，最終將使之失去權威，不能發揮應有的作用。內部審計本身在企業中不直接參與相關的經濟活動，處於相對獨立的地位，又時時處在各項管理活動中，對企業內部的各項業務比較熟悉、對發生的事件比較瞭解，是實行內部監督的最好選擇。

內部審計履行監督職能，其直接目標是確保內部控製的有效運行，以使內部控製的目標能夠實現。有效的內部控製將合理保證企業的經營管理活動，具體包括：遵守了國家法律法規的規定；與企業對營運效

率、效果的追求目標相一致；有效地保證了資產的完整性與財務報告的可靠性。內部審計將對企業內部組織與個人違反政策、程序事件及時做出糾正或處理，以相對獨立的身分向企業的高層管理當局提出報告。

四、評價內部控製的有效性

2002年7月，美國國會通過了《2002年薩班斯－奧克斯利法案》（又稱《2002年公眾公司會計和投資者保護法》）。法案302條款要求管理層評價內部控製在簽署報告前90日的有效性，而404條款則要求審計該公司財務報表的審計人員，審計財務報告內部控製或者審計管理層有關內部控製有效性的結論。這兩條被認為是影響最大而成本最高的條款。雖然在該法案中沒有直接提到內部審計，或者明確將內部控製評審這個責任賦予內部審計，但內部審計人員卻是很多組織完成404條款的重要資源。內部審計在評審中可能承擔的角色包括：確認關鍵業務流程，記錄其內部控製，並對這些控製開展適當的測試；其評審結果作為外部審計人員的支持資源；同公司其他負責404條款的內部或外部資源合作並協助參與評審工作。

第三節　內部控製對內部審計的推動作用

一、內部控製融合內部審計的發展

分離階段：20世紀90年代以前，政府和企業都認為內部控製就等同於內部會計控製，所以內部控製的工作基本上是由會計部門完成的。當時內部審計部門建立面很窄，力量薄弱，主要工作就是對企業財務收支活動進行檢查，防止企業舞弊和腐敗現象發生。內部控製由財務部門

指導和管理，其性質是財政或財務部門自我控制和監督的模式，與內部審計二者分離。

融合階段：20世紀90年代以後，中國開始建立註冊會計師制度和股票市場，由於行業監管的需要，內部控製開始與內部審計逐漸融合，直至成為一個系統。21世紀以來，各種內部控製文件相繼出抬，將內部控製上升到公司治理層面的基本制度。董事會、管理層，甚至全體職工都要對內部控製負責，並將內部審計提升為企業內部環境的重要組成部分，作為內部控製的監督者。

二、內部控製與內部審計目標的一致性

COSO框架提出，內部控製的目標是企業目標（效率和資產保護）、可靠性目標（財務報告可靠）和遵循性目標（企業活動遵循法律法規）的統一。

IIA提出內部審計的目標是通過應用系統的、規範的方法，來評價和改善風險管理、控製及治理過程的效果，幫助企業實現其目標。

從目標上來看，內部控製和內部審計是高度一致的，都是幫助企業實現其目標，減少企業經營風險，減輕受託經營者的職業道德風險，保護企業的所有者權益。

國家圖書館出版品預行編目(CIP)資料

公司治理與內部審計 / 郭濤敏、羅萍 著. -- 第一版.
-- 臺北市：崧燁文化，2018.09
　　面 ； 公分
ISBN 978-957-681-602-4(平裝)
1.公司 2.企業管理 3.審計
553.97　　　　107014582

書　名：公司治理與內部審計
作　者：郭濤敏、羅萍 著
發行人：黃振庭
出版者：崧博出版事業有限公司
發行者：崧燁文化事業有限公司
E-mail：sonbookservice@gmail.com
粉絲頁　　　　網　址：
地　址：台北市中正區重慶南路一段六十一號八樓815室
8F.-815, No.61, Sec. 1, Chongqing S. Rd., Zhongzheng
Dist., Taipei City 100, Taiwan (R.O.C.)
電　話：(02)2370-3310　傳　真：(02) 2370-3210
總經銷：紅螞蟻圖書有限公司
地　址：台北市內湖區舊宗路二段121巷19號
電　話：02-2795-3656　傳真：02-2795-4100　網址：

印　刷：京峯彩色印刷有限公司（京峰數位）

　　本書版權為西南財經大學出版社所有授權崧博出版事業有限公司獨家發行
　　電子書繁體字版。若有其他相關權利及授權需求請與本公司聯繫。

定價：350 元
發行日期：2018 年 9 月第一版
◎ 本書以POD印製發行